Ansgar Hüls
Jost Schneider (Hrsg.)

Korrigieren wie ein Profi ... in Deutsch

sicher und transparent

Klasse 5 – 13

Ein Übungsbuch für Lehrer*innen

Cornelsen

Die Herausgeber der Reihe und Mitautoren dieses Bandes
Dr. Ansgar Hüls ist in der Erwachsenenbildung tätig und unterrichtet die Fächer Deutsch, Englisch und Literatur an einem Weiterbildungskolleg. Er hat Lehrerfahrung u.a. an Gymnasien sowie an Förder- und Realschulen gesammelt und ist Autor von Fachliteratur für Lehrer*innen.
Prof. Dr. Jost Schneider lehrt an der Ruhr-Universität Bochum und ist seit 2004 Leiter des Querenburg-Instituts. Er veröffentlichte zahlreiche Bücher sowie Zeitschriftenartikel in in- und ausländischen Fachzeitschriften. Er ist Mitglied der Professional School of Education der Ruhr-Universität Bochum und im Deutschen Verein zur Förderung der Lehrerinnen- und Lehrerfortbildung e.V. (DVLfB).

Weitere Autoren dieses Bandes
Martin Kammer ist Lehrer für Deutsch und Philosophie an einem Bonner Gymnasium. Er hat Lehrerfahrung in Thüringen, Niedersachsen und Nordrhein-Westfalen gesammelt.
Dr. Florian Koch ist Lehrer für Deutsch und Erdkunde an einem Wittener Gymnasium. Er lehrt zum Thema „Inklusion und Internationalität im Deutschunterricht“ an den Universitäten Bochum, Dortmund und Münster.
Jasmin Zielonka ist Lehrerin für Deutsch und Englisch. Sie lehrt zum Thema „Inklusion und Internationalität im Deutschunterricht“ an den Universitäten Bochum, Dortmund und Münster und promoviert zum Thema „Förderung der Kommunikationskompetenz in heterogenen Lerngruppen“.

Projektleitung: Dorothee Weylandt, Berlin
Redaktion: Marion Clausen, Berlin
Umschlagkonzept: Corinna Babylon, Berlin
Layout/technische Umsetzung: LemmeDESIGN, Berlin

www.cornelsen.de

1. Auflage 2018

Druck: Media Print Informationstechnologie GmbH, Paderborn

ISBN 978-3-589-15991-8

Inhalt

Zu den Klassenarbeiten zum Üben:
Sie finden Musterkorrekturen zu diesen Klassenarbeiten im pdf-Format auf der beigefügten CD, sodass Sie Ihre eigenen Korrekturen damit vergleichen können. Beachten Sie bitte die Hinweise zur Nutzung der CD auf der vorderen Umschlaginnenseite.

Einleitung

(Ansgar Hüls, Jost Schneider)

Das Korrigieren gehört aus folgenden fünf Gründen zu den unbeliebteren Tätigkeiten im Lehrerberuf:

- Erstens erweist es sich in vielen Fällen als einer der größten **Zeitfresser** und ist maßgeblich Schuld daran, dass gerade Deutschlehrer nicht selten einen Teil ihrer Nachtstunden oder auch ihrer Wochenenden am Schreibtisch verbringen müssen.
- Zweitens gibt der Lehrer mit der Herausgabe der Klausur, des Erwartungshorizonts und vor allem der Korrektur viel **von seiner Arbeitsweise preis**, die im Klassenraum trotz aller Bemühungen, den Unterricht zu öffnen, sonst relativ intransparent bleibt.
- Das ist alles andere als schlecht, aber damit ist drittens in nicht wenigen Fällen Ärger vorprogrammiert, weil sich der Korrigierende durch die Verschriftlichung seiner Leistungserwartungen und -bewertungen **angreifbar** macht und ein zunehmender Teil der Elternschaft die Lehrerkorrekturen mit Argusaugen überprüft und für den eigenen Sprössling das Notenoptimum herauszuschlagen versucht.
- Viertens fühlen sich viele Lehrkräfte prinzipiell in der **Rolle des Fördernden** und Helfenden wohler als in der des Richtenden und manchmal Strafenden, der beim Korrigieren nolens volens als Agent einer kompetitiv organisierten Leistungsgesellschaft fungiert.
- Und fünftens schließlich kommt bei der Leistungsmessung ein untilgbarer **Subjektivitätsfaktor** ins Spiel, der bei den Korrigierten für Frustration und bei den Korrigierenden zu Verunsicherung oder sogar grundsätzlichem Selbstzweifel führen kann. Hier können für Berufseinsteiger, aber auch für Routiniers Fallen lauern, denn die Korrekturarbeit ist ein handfestes Beweismittel im Kampf vieler Eltern um bessere Noten bis hin zum hochoffiziellen Widerspruch.

Verstärkt wird die Verunsicherung vieler Lehrer durch den Umstand, dass das Korrekturhandwerk im Lehramtsstudium, im Referendariat und auch in der Lehrerfortbildung vergleichsweise stiefmütterlich behandelt wird. Von einer systematischen und gründlichen Vermittlung professioneller Korrekturkompetenzen kann häufig keine Rede sein. In der Praxis dominiert nicht selten das ungesteuerte Learning by Doing oder ein Imitationslernen, bei dem die Korrekturstile und -gepflogenheiten von befreundeten Kollegen mehr oder minder unhinterfragt übernommen und nachgeahmt werden. Es fehlt an Möglichkeiten, die eigene Korrekturkompetenz sachlich einschätzen und durch konkrete Übungen selbstständig verbessern zu können.

Wie kann Ihnen dieses Buch beim Korrigieren helfen?

Hier setzt das vorliegende Buch an. Es bietet Ihnen zu ausgewählten Klassenarbeiten mit typischen Themen aus dem Deutschunterricht einige Musterkorrekturen, die Ihnen zeigen sollen, wie eine gründlich und professionell korrigierte Schülerarbeit aussehen sollte. Darüber hinaus liefert es einige Schülerarbeiten, bei denen Sie Ihre eigene Korrektur durchführen und anschließend mit einer Musterkorrektur auf der beiliegenden CD abgleichen können. Erstmals haben Sie damit die Möglichkeit, für sich alleine im stillen Kämmerlein und in aller Ruhe zu studieren, an welcher Stelle Ihre persönliche Korrektur von der Musterkorrektur abweicht.

Dabei sind wir uns natürlich darüber im Klaren, dass auch unsere Musterkorrektur in mancherlei Hinsicht nicht die einzig mögliche Lösung darstellt, sondern in einzelnen Details noch ergänzt oder variiert werden könnte. Wir können aber immerhin behaupten, dass unsere Musterlösungen von einem Team aus Schul- und Hochschullehrern, das praktische Berufserfahrung und theoretisches Hintergrundwissen vereint und insofern eine relativ starke Annäherung an das niemals endgültig erreichbare **Korrekturoptimum** verbürgt, erstellt und für gut befunden wurden.

Die in diesem Buch abgedruckten und korrigierten Klassenarbeiten wurden nicht am Reißbrett entworfen, sondern stammen unmittelbar **aus der aktuellen Praxis,** d.h., sie wurden im Jahr 2017 von echten Schülerinnen und Schülern an den Schulen geschrieben, an denen die Buchautoren als Lehrkräfte arbeiten. Die Arbeiten wurden so weit anonymisiert, dass sie nicht mehr zuzuordnen sind.

Damit Sie ungefähr einschätzen können, welche Kompetenzen bei den jeweiligen Schülerinnen und Schülern vorausgesetzt wurden, wird jeweils der **Erwartungshorizont** der Lehrkraft mit abgedruckt und kurz erläutert.

Unbestreitbar ist, dass es hinsichtlich der Leistungsanforderungen von Lerngruppe zu Lerngruppe, von Schulfach zu Schulfach, von Einzugsgebiet zu Einzugsgebiet und nicht zuletzt auch von Bundesland zu Bundesland unterschiedliche Rahmenbedingungen gibt. Allerdings zielt dieses Buch auch nicht darauf ab, in dieser Hinsicht einen Normalstandard zu definieren. Für die Einschätzung und Verbesserung Ihrer Korrekturkompetenzen spielt es kaum eine Rolle, ob Sie in Ihren aktuellen Lerngruppen die von uns präsentierten **Aufgabenstellungen** tatsächlich benutzen könnten oder ob diese zu leicht bzw. zu anspruchsvoll für Ihr eigenes Schülerklientel wären. Wir haben uns aber bemüht, keine in dieser Hinsicht besonders extremen Fälle zu präsentieren, sondern relativ normale, also für die jeweilige Jahrgangsstufe durchschnittliche Aufgabenstellungen und Schülerleistungen, wie sie uns im Berufsalltag immer wieder begegnen.

Welche Maßnahmen helfen sonst noch beim Korrigieren?

Zu den besonders empfehlenswerten Maßnahmen im Hinblick auf eine Professionalisierung der Korrekturen gehört ohne Zweifel die Erstellung eines **schuleigenen Leistungskonzeptes,** das typischerweise im Rahmen einer ganztägigen Lehrerfortbildung erarbeitet wird. Zu den wichtigsten Inhalten eines solchen Konzeptes gehört die Festlegung der Korrekturzeichen, die an Ihrer Schule verwendet werden sollen. Denn nur in einzelnen Fächern und Bundesländern gibt es von der höheren Schulverwaltung vorgegebene, aber oftmals unvollständige und definitorisch unzulängliche Listen mit Korrekturzeichen und -abkürzungen.

Darüber hinaus ist die Frage der Definition, Markierung und Bewertung von (a) halben/ganzen/doppelten Fehlern, von (b) Flüchtigkeitsfehlern und von (c) Wiederholungsfehlern im Kollegium zu diskutieren und – möglichst fächerübergreifend – eine einheitliche Regelung zu treffen. Nicht zuletzt sollte auch der Umgang mit den **Operatoren**, die im jeweiligen Bundesland gefordert sind, diskutiert und vereinheitlicht werden. Denn da es hierbei zahlreiche fachspezifische Abweichungen gibt – *Analysieren Sie* bedeutet z. B. in Biologie nicht dasselbe wie in Deutsch –, muss den Schülerinnen und Schülern irgendwie die Möglichkeit gegeben werden, den fachspezifischen Gebrauch eines Operators einzuüben.

Wie vermeiden Sie Verzerrungen bei der Korrektur?

Eine etwas heikle, aber nichtsdestotrotz innerhalb des Kollegiums zu lösende Problematik ergibt sich aus der relativen Häufigkeit sowohl des **Strenge-** als auch des **Mildefehlers.** Manche Lehrkräfte gelten als „harte Hunde" und vergeben nur sehr selten die Bestnote. Andere dagegen lassen oftmals Gnade vor Recht ergehen und erteilen praktisch niemals das Prädikat „mangelhaft" oder „ungenügend". Grundsätzlich sollte aber die Notenskala nicht künstlich verengt, sondern zu beiden Seiten hin voll ausgeschöpft werden. Jedenfalls ist es ein durchaus eliminierbarer Missstand, dass die größten Notensprünge bei den Lernenden nicht durch Fördermaßnahmen oder veränderte individuelle Lernbedingungen verursacht werden, sondern schlicht und ergreifend durch einen Wechsel der Lehrkraft. Ohne dass sich sein Leistungsvermögen irgendwie verändert hätte, kann ein Schüler dadurch von einem Schuljahr auf das andere in ein und demselben Schulfach eine oder gar zwei Notenstufen besser oder schlechter bewertet werden. Auch wenn der Subjektivitätsfaktor niemals komplett auszuräumen sein wird, sollte durch ein schuleigenes Leistungskonzept eine möglichst weitgehende Standardisierung der Leistungsmessung und -bewertung in die Wege geleitet werden.

Nicht durch ein schuleigenes Leistungskonzept, sondern nur durch individuelle Selbstreflexion ist ein anderer typischer Korrekturfehler auszumerzen, nämlich der sogenannte **Reihenfolgeeffekt**. Dabei geht es um das Phänomen, dass das Graue vor einem weißen Hintergrund wesentlich dunkler erscheint als vor einem schwarzen Hintergrund. Mit anderen Worten: Wenn Sie gerade zwei Einserarbeiten korrigiert haben, kommt Ihnen eine Dreierarbeit mit hoher Wahrscheinlichkeit deutlich schlechter vor, als wenn Sie zuvor zwei Fünferarbeiten korrigiert haben.

Außer einer beständigen Selbstreflexion kann ein kleiner Trick gegen diese Verzerrungstendenz helfen: Wenn Sie Ihre Schüler recht gut kennen, können Sie schon vor der Korrektur einigermaßen zuverlässig abschätzen, welche Arbeit eher zum schlechteren, zum mittleren oder zum besseren Drittel gehören wird. Bilden Sie zum Korrigieren **Dreierpäckchen** mit je einer Arbeit von den drei Stapeln, wobei Sie zuerst die schlechtere, dann die mittlere und zuletzt die gute Arbeit korrigieren. Wenn Sie für die Korrektur eines Dreierpäckchens z. B. eine Zeitstunde ansetzen, sollten Sie für die schlechtere Arbeit dreißig Minuten, für die mittlere zwanzig Minuten und für die gute zehn Minuten einkalkulieren. Mit einer gewissen Routine schafft man es, sich relativ streng an diese Einteilung zu halten, was nicht zuletzt im Hinblick auf das Zeitmanagement große Vorteile mit sich bringt. Es macht nichts, dass man hierbei gelegentlich Überraschungen erlebt, d.h., dass eine Arbeit sich als wesentlich besser oder schlechter erweist, als Sie zunächst geglaubt hatten. Unter dem Strich gleichen sich die Abweichungen meistens aus, und vor allem wird durch den regelmäßigen Wechsel von schlecht über mittelprächtig zu gut der besagte Reihenfolgefehler tendenziell abgeschwächt, auch wenn die beständige Selbstreflexion dadurch nicht überflüssig gemacht werden kann.

Überraschend hilfreich kann in diesem Zusammenhang auch das besonders in den skandinavischen Ländern verbreitete Instrument der **Schülerselbstkorrektur** sein. Dabei schreiben die Schülerinnen und Schüler unter ihre eigene schriftliche Leistung vor der Abgabe die Note, die sie sich selbst dafür erteilen würden. Eine Variante ist die Selbstkorrektur auf der Basis von Blanko-Erwartungshorizonten am Tag der Rückgabe. Bevor der von Ihnen ausgefüllte Erwartungshorizont mitsamt der Endnote verteilt wird, können die Lernenden so ihre erbrachte Leistung mit den Bewertungskriterien abgleichen und ihre eigene Klassenarbeit entsprechend vorzensieren.

Wie setzen Sie diese Verfahren ein?

Wenn Sie eines der genannten Verfahren von heute auf morgen in allen Ihren Klassen einführen, erleben Sie damit wahrscheinlich eine Bauchlandung. Wenn Sie es aber von der **Eingangsklasse an systematisch** einüben, werden Sie schon nach wenigen Monaten gute Erfolge erzielen. Und auch bei starker Abweichung zwischen Lehrer- und Schülerselbsteinschätzung ist das Verfahren hilfreich, weil es ideale Anknüpfungspunkte für weiterführende Lernberatungsgespräche bietet, die Selbstreflexion der Schüler fördert und von Anfang an verdeutlicht, dass die Leistungsbewertung kein unhinterfragbares Gottesurteil darstellt, sondern in einem dialogischen Prozess erfolgt. Eines gilt in jedem Fall: Je professioneller das eigene Korrekturhandeln ausfällt, desto selbstbewusster kann man sich diesem Dialog stellen.

Zuletzt noch ein Wort in eigener Sache: Als Herausgeber einer Reihe, deren einzelne Bände die unterschiedlichen Unterrichtsfächer abdecken, sind wir naturgemäß mit den Grenzen unserer fachlichen Beurteilungskompetenz konfrontiert.

Umso mehr danken wir den Autoren des vorliegenden Bandes, **Martin Kammer**, **Dr. Florian Koch** und **Jasmin Zielonka**, die sich der verantwortungsvollen Aufgabe gestellt haben, ihre Korrektur- und Bewertungspraxis offenzulegen und Musterlösungen zu erstellen.

Ansgar Hüls und Jost Schneider

Professionell korrigieren – die wichtigsten Tipps

(Ansgar Hüls)

Korrigieren wie ein Profi ist keine Kompetenz, die man sich mal eben so en passant aneignen kann. Sie ist vielmehr das Ergebnis einer gesunden Mischung aus der Reflexion sowohl von Input – wie z. B. der Lektüre dieses Buches – als auch von Output, also den vielfältigen Erfahrungen beim Erstellen, Korrigieren und Bewerten eigener Klausuren über die Berufsjahre hinweg. Durch ständige Neuerungen, etwa im Lehrplan und bei den Maßstäben der Leistungsmessung und -bewertung, ist die Erfahrung – die zweite genannte Helferin auf dem Weg zum Profi – zu einer nicht immer vertrauenswürdigen Verbündeten geworden. Umso wichtiger ist der fortwährende **Abgleich mit den Korrekturvorgaben** des jeweiligen Bundeslandes, um nicht den Anschluss zu verlieren und im schlimmsten Fall gar die Konzeption oder Korrektur einer schriftlichen Prüfungsleistung juristisch anfechtbar zu machen. Außerdem hilft eine disziplinierte, **zeitökonomische Herangehensweise** bei der Berichtigung und Bewertung von Klassenarbeiten angesichts der immer größer werdenden Korrekturbelastung, der man gerade als Deutschlehrkraft zweifelsohne ausgesetzt ist.
Im Folgenden soll es um den letztgenannten Punkt auf dem Weg zum Korrektur-Profi gehen: nämlich um Mittel und Wege für eine effiziente Planung und Umsetzung der Korrektur von schriftlichen Prüfungsleistungen. Während die folgenden Tipps bewusst allgemein gehalten sind (und im Übrigen nicht den Anspruch der Vollständigkeit erheben), finden sich im Hauptteil des Buchs im Rahmen der Korrekturbeispiele ganz konkrete Hinweise für die jeweiligen Klassenstufen.

Zur besseren Übersicht unterscheiden wir die Phasen *vor, während* und *nach* der Korrektur.

A Vor der Korrektur

1 Zunächst einmal ist zentral, dass eine Klassenarbeit eine Messung des Leistungsstandes am Klausurtag bedeutet, also **keine überhöhten Anforderungen** oder gar Stresstests sinnvoll, geschweige denn erlaubt sind.

Dies spielt auch der Lehrkraft in die Karten, da kein (oder weniger) Frust bei der Korrektur zu erwarten ist, wenn die Schüler die Erwartungen mit ihren Kenntnissen und Kompetenzen effektiv erfüllen können.

2 Damit ist klar, dass der Erwartungshorizont die zu erwartenden Leistungen **tatsächlich** sowohl abstrakt als auch konkret abbildet. Abstrakt bedeutet – vereinfacht ausgedrückt – in Lehrersprache (z. B. *Der Prüfling nennt die psychische Disposition Fausts am Beispiel der Szene „Nacht“…*) und konkret beispielbezogen und in Schülersprache (… wie z. B. *Fausts Verzweiflung am Leben, seine Vermessenheit als Mensch und Gelehrter sowie seine aufkeimende Todessehnsucht im Moment des schmerzlichen Scheiterns*). Die Leitfrage ist stets: Was können meine Schüler realistisch wissen und am Klausurtag innerhalb der gegebenen Zeit abrufen? Die Bepunktung erfolgt dann anhand der Güte der erbrachten Leistungen.

3 Wenn Teile eines Klausurformats oder Aspekte eines Themenkomplexes vorher nicht umfassend eingeübt wurden, ist es ratsam, andere **Schwerpunkte** bei der Bewertung zu setzen und entsprechend anders zu gewichten. Das ist fair und schützt vor bösen Überraschungen, wenn der Klassenschnitt unverhältnismäßig nach unten gezogen wird.

Bei der Erstellung des Erwartungshorizontes kann man in der Vorbereitungsphase grundsätzlich die meiste Zeit einsparen, wenn man einige wenige Tipps beherzigt:

4 Randbemerkungen zu sehr vielen inhaltlichen und noch mehr zu sprachlichen Aspekten, die viele Schüler falsch machen, lassen sich fast komplett durch **vorgefertigte Formulierungen** im Erwartungshorizont ersetzen. Anstatt z. B. immer wieder in der Klausur zu notieren, dass der Unterschied zwischen das- und dass-Nebensätzen augenscheinlich nicht klar ist, steht im Erwartungshorizont als eine Box von mehreren: *Übe nochmal den Unterschied von das und dass. Einen Hinweis findest du in deinem Deutschbuch auf S. 132.* Ist die Box angekreuzt oder auf andere Weise markiert, weiß der Schüler, dass ihn dieser Hinweis betrifft. Auch Teilformulierungen, die noch kurz ergänzt werden können, sind auf dem Erwartungshorizont möglich: *Die Charakterisierung von ___ ist erst vollständig, wenn du auch ___ beachtest.* Diese unbedingt positiv formulierten Textbausteine lassen sich auf diese Weise für viele weitere Klassenarbeiten benutzen.

5 Grundsätzlich können so zahlreiche vorformulierte, standardisierte Teile des Erwartungshorizonts immer wieder verwendet werden. Dies gilt in besonderer Weise für den sprachlichen bzw. **formalen Bewertungsteil.** Hier können fachschaftsspezifische Vorlagen erstellt und genutzt werden; für die Oberstufe kann man sich an den online verfügbaren Abiturvorgaben des Landes orientieren. Diese müssen, wenn überhaupt, nur marginal abgeändert werden.

6 Vorlagen für Erwartungshorizonte sollten klausurspezifisch (z. B. nach Textgattung oder Klausurformat) abgespeichert werden, sodass sie jederzeit gefunden und angepasst werden können. Dies ist für jeden Lehrer einzeln, aber auch für die gesamte Fachschaft mit Hilfe eines **Online-Materialpools** ratsam.

Auch eine klare und verständliche Formulierung der Klausuraufgaben führt zu einer deutlichen Korrekturentlastung. Dabei gelten folgende Tipps als Orientierungspunkte:

7 Den Schülern sollten die verwendeten **Operatoren** absolut klar sein. Hier kann es helfen, sich auf eine reduzierte Anzahl zu verständigen, die im Unterricht eingeübt wird, wie z. B. *Stelle dar, Untersuche, Nimm kritisch Stellung zu* etc. Vor der (zentralen) Abiturprüfung dann sollten indes alle denkbaren Operatoren eingeübt sein.

8 Dem Lehrer steht im Rahmen der Fachschaftsbeschlüsse frei, **Hilfestellungen** in die Klausuraufgaben einzuflechten. Dies gelingt recht gut durch Klammern und spezifizierende Einschübe mit *indem* wie z. B. *Stellen Sie dar, wie der Autor seinen persuasiven (meinungsbildenden) Stil entfaltet, indem Sie im Besonderen auf die Wortwahl sowie die rhetorischen Mittel und Strategien eingehen.*

B Während der Korrektur

9 Betrachten Sie Ihre Korrekturen als **unterstützende Mitteilung** an Ihre Schüler. Oftmals geraten Korrekturen zu einer Art selbstbezogenen Auseinandersetzung oder gar zu einer seelischen Verarbeitung des Gelesenen. Überlegen Sie also, welche Botschaft Sie vermitteln wollen.

10 Dabei ist von Bedeutung, dass für die Fehlerkorrektur, also G-, Z-, R-Fehler etc., das Gebot der Vollständigkeit gilt, für die Positivkorrekturen, also die am Rand notierten Verbesserungsvorschläge, jedoch nicht. Dort ist es schon im eigenen Interesse sinnvoll, die Notizen auf die wesentlichen (negativen, aber auch positiven!) Punkte zu beschränken, indem Sie **auf besonders drängende Defizite unterstützend eingehen** (siehe auch Tipp 4) und besonders gute Aspekte durch Lob hervorheben. Hier tun es kurze Worte wie *gut, prima* oder auch ein Häkchen.

11 Richten Sie Ihre Fehlerkorrektur an den **individuellen Schülerbedürfnissen** aus. Das bedeutet nicht etwa *mehr,* sondern auf mittlere Sicht *weniger* Arbeit, da häufige Fehler so zukünftig vermieden werden. Bestes Beispiel sind orthografische Korrekturen. Wenn Sie sicher sind, dass der Schüler den Fehler selbst findet, unterstreichen Sie das gesamte Wort. Wenn nicht, setzen Sie einen kleinen Strich unter die falsche Stelle (*wiederspiegeln* bzw. *wiederspiegeln*). Verbessern Sie Rechtschreibfehler nur bei sehr schwachen Schülern, andernfalls produzieren Sie mehr Randnotizen als der Schüler Klausurtext.

12 Die Vermeidung redundanter Randnotizen bezieht sich nicht nur auf Hinweise innerhalb einer Klausur, sondern auch auf die formulierten Kriterien des Erwartungshorizonts. Machen Sie – ggf. mit Zahlen markierte (z. B. *s. EH, Nr. 9*) – **Querverweise** zwischen den Textpassagen einer Klassenarbeit und der im Erwartungshorizont notierten Anforderung. Denn was dort steht, müssen Sie nicht noch einmal mühsam am Rand niederschreiben.

13 Nehmen Sie sich bei besonders schwierigen Fällen vor, eine **individuelle Nachbesprechung** der Klassenarbeit nach der Rückgabe (z. B. während einer Gruppenarbeitsphase der Klasse) anzusetzen. Auf diese Weise sparen Sie sich aufwändige Randnotizen und können beruhigend im Vieraugengespräch auf den von einer schlechten Klausurleistung belasteten Schüler eingehen (siehe Tipp 18). Mit einer entsprechenden Gesprächsnotiz bleiben die Hinweise besser im Gedächtnis als in der mühsamen Aufarbeitung einer rotgetränkten Klassenarbeit.

14 Das Korrigieren von Klausuren bedeutet einen nicht unerheblichen Zeit- und Kraftaufwand und sollte gut strukturiert sein. Stellen Sie sicher, alle nötigen Dokumente in ausreichender Zahl vorliegen zu haben und den **Zeitpunkt** der Korrekturarbeit auf Ihren Tagesrhythmus abzustimmen (Freistunden, Wartezeiten, individuelle Konzentrationsphasen etc. nutzen). Man muss auch nicht alle Klausuren in einem Durchgang schaffen, sondern kann sich etwa vornehmen, lediglich drei Klassenarbeiten zu korrigieren und zu bepunkten. Zur Motivation tragen auch gängige **Techniken** (wie z. B.

die „Pomodoro-Technik“, nach der man im 25-Minuten-Takt arbeitet und nach jeder Einheit eine fünfminütige Pause einlegt) bei. Legen Sie abgearbeitete Klausuren auf einen Stapel – mit wachsender Größe steigt die Motivation gerade an dem Punkt, wenn die Lust nachzulassen droht. Belohnen Sie sich regelmäßig in den Pausen mit einer Kleinigkeit (Spaziergang, Buchlektüre u.Ä.).

15 Sollten Sie unsicher sein, wie gut Ihre Schüler mit der Klausur zurechtgekommen sind, lesen Sie zu Beginn eher eine (jedenfalls zu erwartende) durchschnittliche und eine schlechte Klausur. Bei Bedarf können Sie im weiteren Verlauf den Erwartungshorizont etwas milder auslegen bzw. die Schwerpunkte etwas verlagern. Überhaupt kann es sinnvoll sein, nach bestimmten Kriterien die Reihenfolge des Korrekturdurchlaufs zu bestimmen: **Dreierpäckchen** mit einer zu erwartenden guten, mittleren und schlechten Klausur; oder drei gute – Pause – schlechte – Pause – mittlere Schülerleistungen. Tragen Sie überdies in den Erwartungshorizont zunächst nur mit Bleistift ein, um später noch Korrekturen im Rahmen des Erlaubten vornehmen zu können – etwa wenn Sie noch einen Punkt finden wollen, um eine Klassenarbeit aus pädagogischen Gründen um eine halbe Note über eine Notengrenze zu heben und den Schüler zu motivieren.

C Nach der Korrektur

16 Es ist in jedem Fall ratsam, häufig gemachte Fehler als Schwerpunktthemen im Unterricht zu besprechen. Als Anhaltspunkt für Sie kann eine **Strichliste** zu besonders häufig markierten Hinweisboxen (siehe Tipp 4) dienen. Auf diese Weise minimieren sich diese Fehlerarten im Idealfall in der nächsten Klassenarbeit. Arbeiten Sie sich aber nicht an allen Fehlerquellen ab, sondern fokussieren Sie jeweils zwei bis drei besonders hartnäckige Defizite (wie z.B. die Großschreibung substantivierter Verben oder die Kommasetzung bei Nebensatzkonstruktionen).

17 Besprechen Sie den Erwartungshorizont am Tag der Rückgabe (aber noch vor der eigentlichen Rückgabe) gemeinsam mit der Klasse. Auf diese Weise wird deutlich, bei welchen Ausgangstexten welche Aufgabenarten und dementsprechend welche Zieltexte mit welchen Aspekten in welcher Reihenfolge gefordert sind. Erläutern Sie das Muster des Erwartungshorizonts mit Blick auf die nächste Klassenarbeit. Angenehmer Nebeneffekt dieser **Transparenz** der Bewertungskriterien ist vielfach ein gesteigertes Verständnis für die Bepunktung und damit für die Notengebung der eigenen Klassenarbeit, was einige Diskussionen erspart.

18 Gleiches gilt für die oben angesprochene individuelle Nachbesprechung. Nutzen Sie eine autonome Arbeitsphase, um Schüler gezielt im **Vieraugengespräch** zu beraten. Als Grundlage dienen die korrigierte Klassenarbeit und der Erwartungshorizont. Öffnen Sie diese Mini-Sprechstunde auch für andere Interessierte – auf diese Weise stellen Sie schwache Schüler nicht an den Pranger, da so der Eindruck für die Klasse entsteht, dass nicht allein schwache Schüler davon Gebrauch machen. Vergessen Sie dann aber nicht, den schlechten Schüler schriftlich unter der Note auf das verpflichtende Gespräch aufmerksam zu machen. Denken Sie zudem während der Unterhaltung an eine kurze Gesprächsnotiz, in der Sie die drei wichtigsten Ergebnisse zusammenfassen. Wenn sich dieser Modus eingespielt hat, können auch die Schüler selbst diese Notiz verfassen.

19 Es erweist sich in der Praxis als sehr nachhaltig, reflektierter und zugleich kreativer mit dem Thema **Berichtigung** umzugehen. Anstatt chronologisch die Fehler der Klassenarbeit abarbeiten zu lassen, kann man die Schüler aspektorientiert – also z. B. nach Art der Fehler, inhaltliche und formale Fehler separat etc. – vorgehen lassen.

20 Auch den Schwerpunkt der Berichtigung ganz in **Schülerhand** zu geben, kann sich als fruchtbringend erweisen. So könnte etwa der Auftrag für die sprachliche Berichtigung lauten: *Markiere Fehler, die du häufig begangen hast, und recherchiere (im Grammatikbuch, Duden etc.), wie du sie vermeiden kannst. Schreibe dir kurze Merksätze für die Zukunft auf.* Für einen inhaltlichen Berichtigungsschwerpunkt kann man z. B. formulieren: *Finde die drei Abschnitte im inhaltlichen Teil des Erwartungshorizonts, in denen du gemessen an der Maximalpunktzahl die wenigsten Punkte erhalten hast. Formuliere auf der Basis deiner Klassenarbeit und den inhaltlichen Vorgaben des Erwartungshorizonts die drei Abschnitte neu, und zwar so, als ob du diese Stellen der Klassenarbeit neu schriebest.*

Diese Hinweise klingen womöglich allzu logisch und vertraut. Oft aber ist es auf genau diese Selbstverständlichkeit zurückzuführen, dass man die offensichtlichsten Tricks und Kniffe vergisst und unnötig lange und mit großem Aufwand seine Arbeitszeit mit Korrekturen belastet – von der eigenen verlorenen Freizeit mal abgesehen.

1 Unterstufe – Klasse 5

(Martin Kammer)

1.1 Kommentar zur Klassenarbeit „Gruselgeschichten"

Bei der vorliegenden Klassenarbeit handelt es sich um eine Arbeit vom Aufgabentyp 1b Erzählendes Schreiben (gemäß den Vorgaben des Schulministeriums NRW). Die Schülerinnen und Schüler sollen hier vorgaben- und kriteriengestützt eigene Geschichten erzählen. Gruselgeschichten eignen sich für diesen Aufgabentyp besonders gut, da sich wesentliche Elemente des Erzählens, wie etwa die Verwendung passender Tempora sowie treffender Adjektive und Verben, sehr kreativ einüben lassen und sich deren „Effekt" auf den Leser unmittelbar einstellt.

Ferner können die geforderten Kompetenzen in einer schriftlichen Prüfungssituation auch vergleichsweise einfach abgefragt und bewertet werden. Die Trennung zwischen äußerer und innerer Handlung, die Beschreibung von Gefühlen und Denkmustern und die Entstehung eines atmosphärischen Ortes sollen die Schüler hier zu einem Ganzen zusammenfügen. Darüber hinaus werden auch die Methoden zur Planung von Texten in den Aufmerksamkeitshorizont der Klasse gerückt. Es müssen – nach Möglichkeit – Vorausdeutungen eingebaut, eine Hinführung zum Höhepunkt und dieser selbst so gestaltet werden, dass ein kohärenter Text entsteht. Deshalb wird den Schülerinnen und Schülern auch vor der eigentlichen Schreibarbeit eine 15-minütige Planungsphase zugestanden. Zwar wird diese nicht in die Bewertung einbezogen, aber eine Durchsicht der Vorplanung lässt bereits einige Rückschlüsse auf die Qualität der entstandenen Geschichte zu. Es handelt sich also um eine anspruchsvolle Aufgabe, die das Unterrichtswissen der Schüler fordert, aber ihnen trotzdem einen kreativen Freiraum zur eigenen Entfaltung bietet.

Heterogenität ist ein Umstand, mit dem man in allen Klassen umgehen muss. Sehr selten findet man eine Lerngruppe mit einem weitgehend homogenen Leistungsspektrum vor. Für die vorliegende Klassenarbeit gilt deshalb, dass ich als Lehrer vor allem auf die individuelle Leistungsentwicklung achte, der ich wiederum durch meine Korrekturinstrumente und durch die Bepunktung Rechnung trage. Der Erwartungshorizont ist also so konzipiert, dass er die formalen Anforderungen für eine Gruselgeschichte abfragt, gleichzeitig aber den kreativen Spielraum der Schülerinnen und Schüler nicht unnötig beschneidet. Doppelte Wertungen sollen den erhöhten Stellenwert ausgewählter Kriterien deutlich machen und diesen im Gesamtzusammenhang des entstandenen Textes ein besonderes Gewicht verleihen. Da es sich um eine kreative Aufgabe handelt, deren Ergebnis wertschätzend behandelt werden soll, sind Ausdrucks- und Stilfehler eher sanft und mit Blick auf die Frage hin korrigiert, ob das allgemeine Verständnis unter diesem oder jenem Missgriff leiden könnte. Anstreichungen in der Klassenarbeit mit der Farbe Grün sind den Schülern als reine Positivwertung bekannt. Ein grünes A für Ausdruck ist mithin ausschließlich lobend gemeint. In einer fünften Klasse ist der persönliche Kontakt mit den Kindern hinsichtlich der individuellen Nachbesprechung ihrer Klassenarbeiten von großer Bedeutung, weshalb im Kommentar nicht selten auf Wortvorschläge bei W-Fehlern verzichtet wird. Diese Positivkorrektur wird mit einigem Erfolg auf die persönliche Nachbesprechung ausgelagert, die wiederum mit Hilfe einer schriftlichen Gedächtnisstütze durch die noch sehr jungen Schüler einprägsamer wirkt als eine oftmals frustrierende Ansammlung von Lehrerkommentaren in Rot.

Hinweis: Da wir im Buch keine weitere Farbe zur Verfügung haben, drucken wir die ursprünglich grün notierten positiven Kommentare in schwarz, damit sie sich von den roten Korrekturen unterscheiden.

1.2 Aufgabenstellung

Klassenarbeit Deutsch – Klasse 5
Thema: Eine Gruselgeschichte verfassen

Name: ______________________________

Aufgabenstellung:
Verfasse auf der Grundlage der Vorgaben eine spannende Gruselgeschichte.
Erstelle zuerst eine Stoffsammlung, die dir hilft, die Geschichte zu planen.

ORT
dunkler Wald

ZEIT
Dämmerung

FIGUREN
Tina/Lea
oder Tom/Luka

GRUSELIGE ERSCHEINUNGEN
Nebelschwaden, Flüstern

WAS GENAU SOLL AM HÖHEPUNKT PASSIEREN? (SCHREIBIDEE)

WORTSCHATZKISTE/WENDUNGEN

SPANNUNGSBOGEN (VEREINFACHT):

VIEL ERFOLG!

1.3 Erwartungshorizont

Erwartungshorizont – Deutsch – Gruselgeschichte
Name:

a) Inhalt und Aufbau	**1**	**2**	**3**	**4**	**5**	**6**
Du hast eine passende Überschrift gefunden.						
Du hast den Aufbau einer Gruselgeschichte beachtet [Einleitung, Hauptteil (Hinführung/Höhepunkt), Ende]. (doppelte Wertung)						
Du hast Vorausdeutungen sinnvoll eingesetzt.						
Du hast unterschiedliche Satzanfänge und Satztypen benutzt.						
Du hast treffende Verben, Adjektive und Wendungen in deiner Geschichte verwendet. (doppelte Wertung)						
Du hast wörtliche Rede sinnvoll genutzt.						
Du hast die Gedanken und Gefühle der Figuren treffend beschrieben.						
Du hast die Vorgaben beachtet und gewinnbringend miteinander verbunden.						
Du hast die Tempora richtig angewendet.						
Summe						

	Normal	Malus 0,25	Malus 0,5
b) Darstellungsleistung			
Du hast vollständige und richtige Sätze gebildet.			
Du hast die Wörter orthographisch korrekt geschrieben.			
Note			
Bemerkungen:			

1.4 Lernzettel mit Hilfen für die Schüler

Lernzettel zur Klassenarbeit „Gruselgeschichte“
Liebe/r ____________________________________, bei der Durchsicht deiner Arbeit sind mir folgende Punkte aufgefallen, die du dir zu Hause nochmals anschauen könntest, um deine Leistung zu verbessern.

1	**Rechtschreibung**		
	Groß- und Kleinschreibung	(S. 295-298 im Buch)	☐
	lange und kurze Vokale	(S. 283-289 im Buch)	☐
	s-Laute	(S. 291f. im Buch)	☐
2	**Wörtliche Rede**	(Arbeitsblatt zur wörtlichen Rede und S. 57 im Buch)	☐
3	**Verwendung der Tempora**	(S. 243-247 im Buch)	☐
4	**Aufbau einer Gruselgeschichte**	(Arbeitsblatt und S. 53-56 im Buch)	☐
5	**Wortschatz (Adjektive und Verben)**	(Wortschatzkiste aus dem Unterricht)	☐

1.5 Bewertungsbeispiel: Klassenarbeit 1

Text	Korrekturrand
Klassenarbeit Deutsch	
Thema: Eine Gruselgeschichte Verfassen	
Schauerwald	(besser vielleicht: Geheimnis des Waldes o. Ä.)
Es war ein ganz normaler früher Abend als Luka	Z Einleitung
und Tom beschlossen eine Zeltübernachtung im	
Schauerwald zu machen: „Hey, dass wird doch voll	
cool. So ganz alleine im Wald." Schwärmte Luka. „	Z, Z, Z ein sehr gelungener
Also ich weiß ja nicht. Du kennst doch die	Z Dialog!
Legenden." entgegnete Tom. „Ach komm schon. Mein	Z A Z
Vater macht uns Stockbrotteig was wir heute Abend	Z, W (den)
grillen." Drückte Luka. „Na schon ich mach es."	W (drückte) Z, R
Gesagt getan. Lukas Vater machte ihnen Stockbrot	Z, R Hauptteil
teig Und dann gingen sie los. ~~Tom hatte ein mulmiges Gefühl.~~	Z
Als sie am Wald ankamen bekam auch Luka ein	Z
bisschen Schiss. „Dass sieht schon ein bisschen	Wdh („wenig") R, A
gruselig aus." Aber es ging weiter. Es hörte sich	
so an als wollen die Bäume ~~auf den Weg~~ sprechen: „Geht nicht	Z, T
weiter. Aus dem Wald ist keiner mehr ~~so~~ schnell hinaus	
gekommen." Dann kam Wind auf und Nebelschwaden	
umhüllten sie. „Lass uns doch bitte umkehren. Mir	Bz unklar
wird dass hier zu gruselig." Quengelte Tom. In der Ferne hörte man	R, A sehr schön! Z
Wolfsgeheule. Die Dämmerung war schon längst ~~eingebrochen~~,	[-]
als sie erschöpft am Zeltplatz ankamen. Ringsherum	R
Standen Bäume aber in der Mitte war nichts.	Z
„Lass uns hier Unser Zelt aufschlagen," Sagte Tom.	R
Was sie nicht sahen ist, dass ein schwarzer	Z, T, Sb
Schatten sie beobachtete. „Mein Vater hat mir	

	erzählt, dass die kahle Stelle von einer unterirdischen
A(herrührt) Z	Quelle herkommt." sagte Luka. Als sie das Zelt aufge-
Z, A	schlagen und gegessen hatten kuschelten sich beide
Höhepunkt	in die Schlafsäcke. Als ein Rabe krähte und scheinbar
A, A, Z	außerirdische Geräusche auf sie zukamen lief
	beiden ein Schauer über den Rücken. Dennoch
Absatz	schliefen sie ein. / Am nächsten Tag war erschreckender-
Schluss R	weise das Zelt verschwunden und von den Jungs
	fehlte jede Spur. Die Polizei suchte vergeblich.
Ein sehr interessanter R (Hinw?)	5 Jahre später:
Schluss R(Zwei) R	2 Kinder gehen angeln. Dann kommen ihnen
T, T (hier besser kein Tempuswechsel) R, R(s.o.)	wie aus dem nichts 2 größere Kinder entgegen.
	„Seid ihr nicht die Kinder, die verschollen sind?"
	„Wir ganz bestimmt nicht. Wir haben gestern im
R Z	Wald übernachtet." sagte Luka. Konnte dass sein?
R	Was hatte es mit dem Schatten auf sich? War
T Spannende Fragen	es eine Warnung von den Bäumen? Und warum
	tauchen sie am Ende wieder auf, ohne eine
R	Erinnerung.?

Erwartungshorizont – Deutsch – Gruselgeschichte
Name:

a) Inhalt und Aufbau	**1**	**2**	**3**	**4**	**5**	**6**
Du hast eine passende Überschrift gefunden.		✗				
Du hast den Aufbau einer Gruselgeschichte beachtet [Einleitung, Hauptteil (Hinführung/Höhepunkt), Ende]. (doppelte Wertung)	✗					
Du hast Vorausdeutungen sinnvoll eingesetzt.	✗					
Du hast unterschiedliche Satzanfänge und Satztypen benutzt.	✗					
Du hast treffende Verben, Adjektive und Wendungen in deiner Geschichte verwendet. (doppelte Wertung)	✗					
Du hast wörtliche Rede sinnvoll genutzt.	✗					
Du hast die Gedanken und Gefühle der Figuren treffend beschrieben.	✗					
Du hast die Vorgaben beachtet und gewinnbringend miteinander verbunden.	✗					
Du hast die Tempora richtig angewendet.	✗					
Summe	**12 : 11 ≈ 1,1**					

	Normal	Malus 0,25	Malus 0,5
b) Darstellungsleistung			
Du hast vollständige und richtige Sätze gebildet.	✗		
Du hast die Wörter orthographisch korrekt geschrieben.	✗		
Note	**1 (sehr gut)**		
Bemerkungen: **keine**			

Lernzettel zur Klassenarbeit „Gruselgeschichte"

Liebe/r ____,
bei der Durchsicht deiner Arbeit sind mir folgende Punkte aufgefallen,
die du dir zu Hause nochmals anschauen könntest, um deine Leistung zu verbessern.

1	**Rechtschreibung**		
	Groß- und Kleinschreibung	(S. 295-298 im Buch)	☒
	lange und kurze Vokale	(S. 283-289 im Buch)	☐
	s-Laute	(S. 291f. im Buch)	☐
2	**Wörtliche Rede**	(Arbeitsblatt zur wörtlichen Rede und S. 57 im Buch)	☐
3	**Verwendung der Tempora**	(S. 243-247 im Buch)	☐
4	**Aufbau einer Gruselgeschichte**	(Arbeitsblatt und S. 53-56 im Buch)	☐
5	**Wortschatz (Adjektive und Verben)**	(Wortschatzkiste aus dem Unterricht)	☐

1.6 Bewertungsbeispiel: Klassenarbeit 2

Um Mitternacht

	A(Mitternacht)
Einleitung (gingen) T Uhr	Tina und Tom gehen alleine um 24:00
etwas zu knapp A(zelten)	in den Wald campen. Dabei hatten
	Tina und Tom ein mulmiges Gefühl.
	Es war düster. Sie wollten für ihr
	Lagerfeuer etwas Holz sammeln
Hauptteil	gehen. Tina und Tom nahmen ihre
	Taschenlampen mit. Als sie auf dem
T(fiel ihnen auf) Z,Z,R	Weg waren war ihnen aufgefallen das
	kein einziges Tier zu sehen oder zu
Z	hören war. Tina bekam Angst. „Komm Tina
Z,Z	wir müssen weiter" sprach Tom. Es wurde
	immer dunkler und dunkler. Plötzlich
	stolperte Tom über eine Wurzel. Er schrie
Z(!)Z	auf: „Auaaa". Sie gingen weiter. Doch
(verlor) A(R)	dann vergass Tom seine Taschenlampe.
Z	Tina hörte ganz leise Schritte die immer
?Z	lauter und lauter wurden. „Komm Tom
R,Z	wir müssen weg laufen!" schrie sie
A(ihm) Z	Tom an. Sie rannten so schnell wie sie
(–)	[auch] nur konnten. Ihre Herzen
	pochten wie wild. Nebel kam auf.
Z,Z	„Na toll auch das noch!" sprach Tom
	zu Tina. Tina verlor ihre Taschenlampe.
Z,Z	„Bleibt stehen ihr könnt nicht entkommen"
	flüsterte eine Stimme. Die Schritte
Wdh	wurden immer lauter und lauter. Tom
Z	fiel auf den Boden. „Lauf Tina, lauf!"
	schrie Tom. Das Gespenst kam immer

näher und näher. Es biss Tom in den
Hals. Tom lief hinter Tina her. Tinas Herz
blieb für eine kurze Zeit stehen. Tina gut!
spürte eine kalte Hand an ihrem Rücken.*
„Du kannst nicht mehr entkommen Tina, Z Schluss
Hahahaha" flüsterte Tom ihr zu. Tina drehte R Z, Z ↳ etwas knapper Schluss!
sich langsam um. Doch Tom biss ihr in
den Hals.

*Sie wurde so blass wie noch nie Z

Erwartungshorizont – Deutsch – Gruselgeschichte
Name:

a) Inhalt und Aufbau	**1**	**2**	**3**	**4**	**5**	**6**
Du hast eine passende Überschrift gefunden.		✗				
Du hast den Aufbau einer Gruselgeschichte beachtet [Einleitung, Hauptteil (Hinführung/Höhepunkt), Ende]. (doppelte Wertung)			✗			
Du hast Vorausdeutungen sinnvoll eingesetzt.			✗			
Du hast unterschiedliche Satzanfänge und Satztypen benutzt.		✗				
Du hast treffende Verben, Adjektive und Wendungen in deiner Geschichte verwendet. (doppelte Wertung)			✗			
Du hast wörtliche Rede sinnvoll genutzt.		✗				
Du hast die Gedanken und Gefühle der Figuren treffend beschrieben.			✗			
Du hast die Vorgaben beachtet und gewinnbringend miteinander verbunden.		✗				
Du hast die Tempora richtig angewendet.		✗				
Summe	**28 : 11 ≈ 2,5**					

	Normal	Malus 0,25	Malus 0,5
b) Darstellungsleistung			
Du hast vollständige und richtige Sätze gebildet.	✗		
Du hast die Wörter orthographisch korrekt geschrieben.		✗	
Note	**3 (befriedigend)**		

Bemerkungen: **Du hättest die Gefühlswelt von Tom und Luka weiter beschreiben können.**

Lernzettel zur Klassenarbeit „Gruselgeschichte"

Liebe/r ____,
bei der Durchsicht deiner Arbeit sind mir folgende Punkte aufgefallen,
die du dir zu Hause nochmals anschauen könntest, um deine Leistung zu verbessern.

1	**Rechtschreibung**		
	Groß- und Kleinschreibung	(S. 295-298 im Buch)	☐
	lange und kurze Vokale	(S. 283-289 im Buch)	☐
	s-Laute	(S. 291 f. im Buch)	☐
2	**Wörtliche Rede**	(Arbeitsblatt zur wörtlichen Rede und S. 57 im Buch)	☐
3	**Verwendung der Tempora**	(S. 243-247 im Buch)	☐
4	**Aufbau einer Gruselgeschichte**	(Arbeitsblatt und S. 53-56 im Buch)	✘
5	**Wortschatz (Adjektive und Verben)**	(Wortschatzkiste aus dem Unterricht)	✘

1.7 Bewertungsbeispiel: Klassenarbeit 3

Klassenarbeit Deutsch Thema: eine Gruselgeschichte verfassen

Der Horrorwald (beispielhaft) — Titel fehlt

Ich und Luka lagen zu Hause auf dem Sofa. Uns war langweilig. Aber ich hatte eine Idee: „wieso gehen wir nicht in den Wald [und] beobachten die Tiere und machen Fotos?", fragte ich. Luka sagte begeistert: „Ja! Komm wir gehen." Wir kamen in der Dämmerung an. Ich durchsuchte den Wald doch es gab keine Tiere. *Gerade wollten wir aufgeben und nach Hause gehen. Aber es wurde dunkel und wir konnten nicht nach Hause finden. Wir waren verloren! Plötzlich hörten wir ein Geräusch, es kam aus dem Busch. Ich kam näher zum Busch und Luka war hinter mir. Als wir die Äste ausräumten war da nichts. Wir beruhigten uns wieder. Doch wir fühlten uns beobachtet von [den] roten Augen ganz oben auf den riesigen wie endlos scheinenden Bäumen. Aufeinmal, wie aus dem nichts flogen Fledermäuse in unser Gesicht. Rasend schnell rannten wir von den Fledermäusen weg. Kurz darauf kam ein unheimliches flüstern.

* Ich hatte ein mulmiges Gefühl.

Randbemerkungen: Einleitung Sb; R; [-] gute Idee; Z; Hauptteil; Z; Wdh; Wdh; A, Z; Spannungsbogen!; Sb [-]; Z; hoch R; R, Z; R, Z

┌von das sagte: „Ihr werdet ┌ hier nie entkommen!"
Völlig überraschend läutete eine weit entfernte Kirchturmglocke und ich zählte
R leise mit: „eins, zwei, drei, vier ..., zwölf!
Es war Mitternacht! In diesem Moment
Z war der Nebel gekommen er breitete sich aus, bis er überall war. Es war
A, Z kaum was zu sehen. Ich erschrak als mich
R, G etwas kühles an meine Schulter berührte*
Z Ich fragte Luka: „Bist du das?" „Was denn?" fragte Luka.* Ich blieb wie angewurzelt stehen. Dann drehte ich mich ganz benommen
Z um und da stand ein Geist vor
Schluss mir! Wir rannten sofort weg, einfach
R, Z gerade aus, durch den Wald. Wir waren
ZR überglücklich als wir unser zu Hause sahen.
Wdh Wir gingen rein und wollten nie wieder in diesen Wald gehen.

Ende

Erwartungshorizont – Deutsch – Gruselgeschichte
Name:

a) Inhalt und Aufbau	**1**	**2**	**3**	**4**	**5**	**6**
Du hast eine passende Überschrift gefunden.				✗		
Du hast den Aufbau einer Gruselgeschichte beachtet [Einleitung, Hauptteil (Hinführung/Höhepunkt), Ende]. (doppelte Wertung)		✗				
Du hast Vorausdeutungen sinnvoll eingesetzt.			✗			
Du hast unterschiedliche Satzanfänge und Satztypen benutzt.			✗			
Du hast treffende Verben, Adjektive und Wendungen in deiner Geschichte verwendet. (doppelte Wertung)		✗				
Du hast wörtliche Rede sinnvoll genutzt.		✗				
Du hast die Gedanken und Gefühle der Figuren treffend beschrieben.			✗			
Du hast die Vorgaben beachtet und gewinnbringend miteinander verbunden.		✗				
Du hast die Tempora richtig angewendet.	✗					
Summe	**26 : 11 ≈ 2,4**					
	Normal		Malus 0,25		Malus 0,5	
b) Darstellungsleistung						
Du hast vollständige und richtige Sätze gebildet.	✗					
Du hast die Wörter orthographisch korrekt geschrieben.	✗					
Note	**2 (gut)**					

Bemerkungen: **Es gab Abzüge für die Überschrift, da sie nachgereicht worden ist.**

Lernzettel zur Klassenarbeit „Gruselgeschichte"

Liebe/r ______________________________________,
bei der Durchsicht deiner Arbeit sind mir folgende Punkte aufgefallen,
die du dir zu Hause nochmals anschauen könntest, um deine Leistung zu verbessern.

1	**Rechtschreibung**		
	Groß- und Kleinschreibung	(S. 295-298 im Buch)	☐
	lange und kurze Vokale	(S. 283-289 im Buch)	☐
	s-Laute	(S. 291 f. im Buch)	☐
2	**Wörtliche Rede**	(Arbeitsblatt zur wörtlichen Rede und S. 57 im Buch)	✗
3	**Verwendung der Tempora**	(S. 243-247 im Buch)	☐
4	**Aufbau einer Gruselgeschichte**	(Arbeitsblatt und S. 53-56 im Buch)	☐
5	**Wortschatz (Adjektive und Verben)**	(Wortschatzkiste aus dem Unterricht)	✗

1.8 Zum Üben: Klassenarbeit 4

Korrigieren Sie diese Arbeit und vergleichen Sie Ihr Ergebnis mit der Musterkorrektur auf der CD. Füllen Sie auch den Erwartungshorizont und den Lernzettel aus.

KLASSENARBEIT DEUTSCH - KLASSE 5B	
THEMA: EINE GRUSELGESCHICHTE VERFASSEN	NAME:

Aufgabenstellung: Verfasse auf Grundlage der Vorgaben eine spannende Gruselgeschichte.

Erstelle zunächst eine Stoffsammlung, die dir hilft, die Geschichte zu planen.

ORT
DUNKLER WALD

ZEIT
DÄMMERUNG

FIGUREN
TINA/LEA ODER
TOM/LUKA

GRUSELIGE ERSCHEINUNGEN
NEBELSCHWADEN
FLÜSTERN,
dunkler schatten.

WAS GENAU SOLL AM HÖHEPUNKT PASSIEREN? (SCHREIBIDEE)
Nebelschwaden "Greifen" Lea und Tom vernichten sie. ~~und~~ ~~Keiner~~ Alle die die Beiden kennen werden sie vergessen. ~~Sie Ei~~ Die Beiden werden vergraben aber Keiner wird darauf achten da ~~keiner~~ alle sie vergessen haben.

WORTSCHATZKISTE/ WENDUNGEN
furchbeinflösend, heulen, krächzen

SPANNUNGSBOGEN (VEREINFACHT):

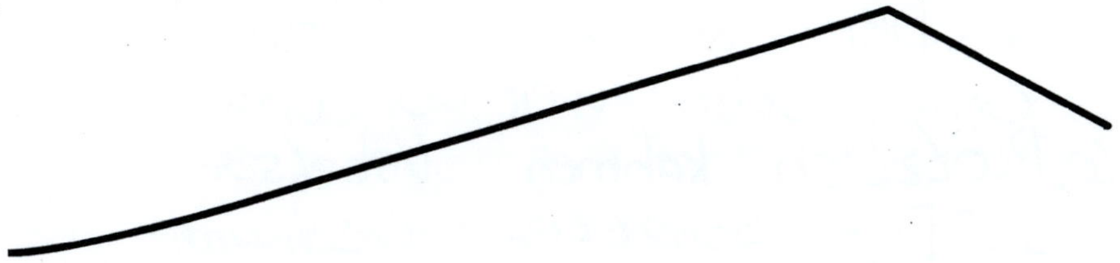

VIEL ERFOLG!

Klassenarbeit Deutsch

Thema:
Eine Gruselgeschichte verfassen

Die Verfluchten Nebelschwaden

Tom und Lea fuhren auf ein Campingplatz in einem Wald. Tags spielten die Beiden den Ganzen Tag da ihre Eltern zu Hause wahren. Zur dämmerung gingen sie in den Wald, der Tags sehr schön war. Lea und Tom gingen los. Mit Taschenlampen in der Hand Schauten sie sich um, es wurde dunkel. Die Beiden hörten ein heulen. Sie guckten zur seite, ein dunkler schatten g starrte sie an, aber nicht normal, es hatte riesenaugen. Das machte die Sache noch schlimmer. Der Schatten machte sein Mund sehr weit auf und krächzte. Plötzlich kahmen Nebelschwaden auf. Der Schatten verschwand Blitzschnell. Es herschte Totenstille.

Lea und Tom versuchten ihr Zelt zu finden, doch da kahm eine heisere, flüsternde Stimme: „Ich werde euch vernichten!" ~~Wegen den Nebe~~ Die Nebelschwaden zogen sich um Lea und Tom zusammen. Die Beiden versuchten zu entkommen doch es war zu spät. Sie bekamen keine Luft mehr und wurden vernichtet. Sie ~~wurd~~ wurden ~~neben dem~~ mitten im Wald begraben. Genau dort wo sie auch starben. Immer wenn Leute im Wald die Gräber sahen beachteten sie sie nicht. Weil alle die Lea und Tom kannten, vergaßen sie für immer und ewig.

Ende

Erwartungshorizont – Deutsch – Gruselgeschichte
Name:

a) Inhalt und Aufbau	**1**	**2**	**3**	**4**	**5**	**6**
Du hast eine passende Überschrift gefunden.						
Du hast den Aufbau einer Gruselgeschichte beachtet [Einleitung, Hauptteil (Hinführung/Höhepunkt), Ende]. (doppelte Wertung)						
Du hast Vorausdeutungen sinnvoll eingesetzt.						
Du hast unterschiedliche Satzanfänge und Satztypen benutzt.						
Du hast treffende Verben, Adjektive und Wendungen in deiner Geschichte verwendet. (doppelte Wertung)						
Du hast wörtliche Rede sinnvoll genutzt.						
Du hast die Gedanken und Gefühle der Figuren treffend beschrieben.						
Du hast die Vorgaben beachtet und gewinnbringend miteinander verbunden.						
Du hast die Tempora richtig angewendet.						
Summe						

	Normal	Malus 0,25	Malus 0,5
b) Darstellungsleistung			
Du hast vollständige und richtige Sätze gebildet.			
Du hast die Wörter orthographisch korrekt geschrieben.			
Note			
Bemerkungen:			

Lernzettel zur Klassenarbeit „Gruselgeschichte“

Liebe/r ______________________________,
bei der Durchsicht deiner Arbeit sind mir folgende Punkte aufgefallen,
die du dir zu Hause nochmals anschauen könntest, um deine Leistung zu verbessern.

1	**Rechtschreibung**		
	Groß- und Kleinschreibung	(S. 295-298 im Buch)	☐
	lange und kurze Vokale	(S. 283-289 im Buch)	☐
	s-Laute	(S. 291f. im Buch)	☐
2	**Wörtliche Rede**	(Arbeitsblatt zur wörtlichen Rede und S. 57 im Buch)	☐
3	**Verwendung der Tempora**	(S. 243-247 im Buch)	☐
4	**Aufbau einer Gruselgeschichte**	(Arbeitsblatt und S. 53-56 im Buch)	☐
5	**Wortschatz (Adjektive und Verben)**	(Wortschatzkiste aus dem Unterricht)	☐

1.9 Zum Üben: Klassenarbeit 5

Korrigieren Sie diese Arbeit und vergleichen Sie Ihr Ergebnis mit der Musterkorrektur auf der CD. Füllen Sie auch den Erwartungshorizont und den Lernzettel aus.

Klassenarbeit Deutsch - Klasse 5b	
Thema: Eine Gruselgeschichte verfassen	Name:

Aufgabenstellung: Verfasse auf Grundlage der Vorgaben eine spannende Gruselgeschichte.

Erstelle zunächst eine Stoffsammlung, die dir hilft, die Geschichte zu planen.

ORT
DUNKLER WALD

ZEIT
DÄMMERUNG
Nachts

FIGUREN
TINA/ LEA ODER TOM/LUKA

GRUSELIGE ERSCHEINUNGEN
NEBEL(SCHWADEN)
FLÜSTERN
Baummonster
Baummonster-arme
Gewitter

WAS GENAU SOLL AM HÖHEPUNKT PASSIEREN? (SCHREIBIDEE)
Das die Baumarme mich gefangen nimmt.

WORTSCHATZKISTE/ WENDUNGEN
knorrend, gruselich, angstlich, sprudelt, stampfen, laut, holzich, nebelich, plötzlich, aufeinmal, heftiges, groß

SPANNUNGSBOGEN (VEREINFACHT):

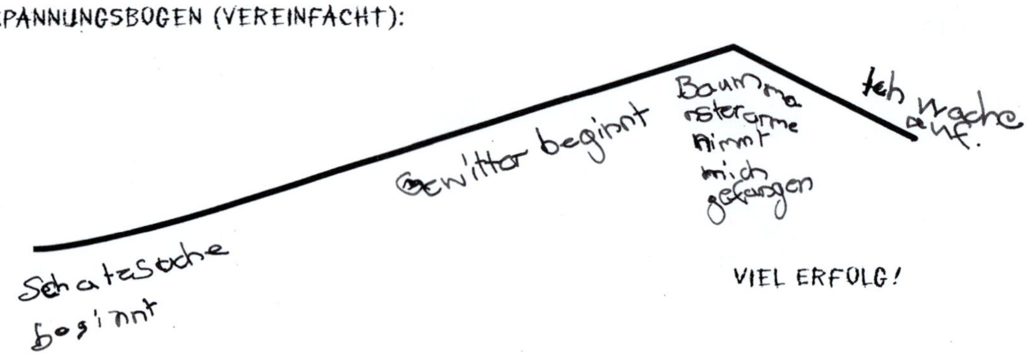

VIEL ERFOLG!

Klassenarbeit Deutsch 5.

Thema: Eine Gruselgeschichte verfassen

Die komische Schatzsuche

Mein Vater hatte für mich und meine Freundin Lea eine Schatzsuche vorbereitet. Meine Freundin und ich gingen los*, die Dämmerung begann. Papa hatte denn Weg so gemacht das er auch in den dunklen Wald fürte. Plötzlich knakte unter mir ein Stock, Lea und ich erschracken. Aufeinmal trad Nebel auf ich wusste das Irgent etwas nicht stimmt, aber ich liss mich nicht beeinflussen. Da, da da war ein nechster Pfeil Lea und ich freuten uns, aber zu früh. Ich knickte mit meinem Fuß an einer wurzel um und sagte zu Lea: „Lasst uns eine Pause machen". Aufeinmal zog ein heftiges Gewitter auf und der Nebel wurde schlimmer. Die Angst die sprudelte nur so in mir hoch und ich sagte zu meiner Freundin „Lasst uns bitte um keren, weil ich habe Angst vor Gewittern." Aber sie antwortete mir nicht, ich guckte mich überall um, aber sie wahr nögenswo. Ich hatte noch mehr Angst als vorher|Ich wollte nach Hause rennen, aber ein Baummonster hilt mich auf. „Die Angst sprudelte noch mehr in mir hoch das ich schrie, plötzlich kamen noch mehr Baummonster. Ich habe mich inerlich gefragt was machen die jetzt mit mir. Plötzlich sprach das größte Baummonster: „Nimmt sie indent. Alle Baummonste kamen auf mich zu und namen mich in den Schwitelcasten. Aufeinmal war das Gewitter weg und Lea lag wieder nehben mir und sagte „Von was hast du denn geträumt.

* mit unseren Taschenlampen und
+ Schnitzelkasten!"
|Aufeinmal schlug ein heftiger Blitz und ein lauter Donner ein.

Erwartungshorizont – Deutsch – Gruselgeschichte
Name:

a) Inhalt und Aufbau	**1**	**2**	**3**	**4**	**5**	**6**
Du hast eine passende Überschrift gefunden.						
Du hast den Aufbau einer Gruselgeschichte beachtet [Einleitung, Hauptteil (Hinführung/Höhepunkt), Ende]. (doppelte Wertung)						
Du hast Vorausdeutungen sinnvoll eingesetzt.						
Du hast unterschiedliche Satzanfänge und Satztypen benutzt.						
Du hast treffende Verben, Adjektive und Wendungen in deiner Geschichte verwendet. (doppelte Wertung)						
Du hast wörtliche Rede sinnvoll genutzt.						
Du hast die Gedanken und Gefühle der Figuren treffend beschrieben.						
Du hast die Vorgaben beachtet und gewinnbringend miteinander verbunden.						
Du hast die Tempora richtig angewendet.						
Summe						

	Normal	Malus 0,25	Malus 0,5
b) Darstellungsleistung			
Du hast vollständige und richtige Sätze gebildet.			
Du hast die Wörter orthographisch korrekt geschrieben.			
Note			
Bemerkungen:			

Lernzettel zur Klassenarbeit „Gruselgeschichte"

Liebe/r ______________________________,
bei der Durchsicht deiner Arbeit sind mir folgende Punkte aufgefallen,
die du dir zu Hause nochmals anschauen könntest, um deine Leistung zu verbessern.

1	**Rechtschreibung**		
	Groß- und Kleinschreibung	(S. 295-298 im Buch)	☐
	lange und kurze Vokale	(S. 283-289 im Buch)	☐
	s-Laute	(S. 291f. im Buch)	☐
2	**Wörtliche Rede**	(Arbeitsblatt zur wörtlichen Rede und S. 57 im Buch)	☐
3	**Verwendung der Tempora**	(S. 243-247 im Buch)	☐
4	**Aufbau einer Gruselgeschichte**	(Arbeitsblatt und S. 53-56 im Buch)	☐
5	**Wortschatz (Adjektive und Verben)**	(Wortschatzkiste aus dem Unterricht)	☐

2 Mittelstufe – Klasse 8

(Florian Koch unter Mitarbeit von Jasmin Zielonka)

2.1 Kommentar zur Klassenarbeit „Lutz Hübner, Das Herz eines Boxers“

In der vorliegenden Arbeit, die im Schuljahr 2016/2017 für eine Klasse der Jahrgangsstufe 8 eines nordrhein-westfälischen Gymnasiums konzipiert wurde, sollten die Schülerinnen und Schüler die 1. Szene des Dramas „Das Herz eines Boxers“[1] von Lutz Hübner aus dem Jahr 1996 analysieren. Das Werk thematisiert die sich wandelnde Beziehung zwischen dem 16-jährigen Jojo, der von einem Jugendrichter zu Strafarbeit in einem Altersheim verurteilt worden ist, und dem über 60-jährigen Leo, einem ehemaligen Profiboxer, der das Zimmer bewohnt, das Jojo streichen soll. Obwohl sie sich anfangs nichts zu sagen haben, entwickelt sich im Laufe des Dramas eine Freundschaft zwischen den beiden, die sich fortan unter die Arme greifen und sich gegenseitig dabei helfen, ihr Leben neu zu gestalten. In der zu analysierenden Szene treffen die beiden Figuren zum ersten Mal aufeinander. Die Besonderheit dabei ist, dass Leo kein Wort mit Jojo spricht und auch nicht bzw. nur zögerlich auf ihn reagiert, da er allen ihm unbekannten Personen einen Schlaganfallpatienten vorspielt, weil er befürchtet, dass ihm ansonsten Nachteile im Altersheim widerfahren würden.

Anzumerken ist, dass die Analyse eines literarischen Textes und ihrer Methodik in Vorbereitung auf die Klassenarbeit umfassend eingeübt wurde, wobei ein vorgefertigtes und auf den Ausführungen des Schulbuches basierendes Analyseschema zur Untersuchung von Dramentexten der Fachschaft Deutsch als Grundlage zusätzlich eingesetzt wurde. Das Analyseschema, das im Unterricht gemeinsam mit den Schülerinnen und Schülern erschlossen und inhaltlich weiter ausgefüllt wurde, durften die Schülerinnen und Schüler bei der Bearbeitung der für 60 Minuten angesetzten Klassenarbeit einsetzen, da es sich um die erste schriftliche Analyse eines literarischen Textes im Rahmen einer Klassenarbeit handelte. Weiterhin verwenden durften die Schülerinnen und Schüler die unkommentierte Ganzschrift des Dramas sowie eine aktuelle Ausgabe des Wörterbuchs der deutschen Rechtschreibung.

Auch waren die Schülerinnen und Schüler vertraut mit dem Operator „analysieren“. Darunter ist mit Blick auf die Analyse von literarischen Texten gemäß der Operatorenübersicht für das Fach Deutsch (Abitur) die „Texterfassung, Textbeschreibung, Textdeutung unter Berücksichtigung des Wechselbezuges von Textstrukturen, Funktionen und Intentionen“ unter besonderer Berücksichtigung des „Erfassen(s) zentraler strukturbildender, genretypischer, syntaktischer, semantischer und stilistisch-rhetorischer Elemente und Funktionen für das Textganze“ zu verstehen.[2] Zu dem gewählten Operator ist anzumerken, dass „analysieren“ im Fach Deutsch in NRW keinem der drei Anforderungsbereiche zugewiesen ist, sondern als übergeordneter Operator, ebenso wie „erörtern“, Leistungen aus allen drei Anforderungsbereichen einbezieht. Bedingt durch diese Tatsache und den Umfang sowie den Arbeitsaufwand einer mit dem Operator „analysieren“ eingeleiteten Aufgabe ergab sich für

1 Hübner, Lutz: Das Herz eines Boxers. Ein Jugendtheaterstück. Stuttgart 2009.

2 https://www.standardsicherung.schulministerium.nrw.de/cms/zentralabitur-gost/faecher/getfile.php?file=3832 (letzter Zugriff am 01.06.2017).

die gewählte Klassenarbeit der Arbeitsauftrag wie folgt: *Analysiere die 1. Szene des Dramas „Das Herz eines Boxers" von Lutz Hübner (geb. 1964) aus dem Jahre 1996. Orientiere dich dabei an dem dir bekannten und dir vorliegenden Analyseschema zur Analyse einer Dramenszene.*

Schema zur Analyse einer Dramenszene

Methodischer Schritt	Inhaltlicher Schritt
Verfassen eines treffenden Einleitungssatzes	Benennung von Autor, Titel, Textsorte, Jahr/Epoche sowie Thema des gesamten Dramas
Einordnung in den Kontext	Einordnung der Szene in den Dramenzusammenhang und Herausstellen der Bedeutung der Szene für den weiteren Verlauf des Dramas
Aufstellung einer treffenden Deutungshypothese	Benennung des Themas des Dialogs und Erläuterung der Funktion der Szene
Verfassen einer treffenden Inhaltsangabe	Wiedergabe des Inhalts der Szene
Analyse und Interpretation der Dramenszene	■ Analyse der Szene nach dem Dreischritt These – Erläuterung – Beleg, ■ Analyse der Szene mit individueller Schwerpunktsetzung, z. B. Untersuchung der ■ Ziele und Motive der Dialogpartner, ■ Gesprächssituation, des Gesprächsgegenstands und des Gesprächsverlaufs sowie des Gesprächsverhaltens, ■ sprachlichen Besonderheiten in ihrer Funktion (vgl. auch Deutschbuch und Übersichtsliste der Stilmittel), ■ Regieanweisungen in ihrer Funktion, ■ …
Verfassen eines treffenden Schlussteils samt Reflexion der Analyse	Zusammenfassung der Ergebnisse samt Veri- bzw. Falsifizierung der eingangs aufgestellten Deutungshypothese, Darstellung der Bedeutung der Szene für den Gesamtkontext, persönliche Stellungnahme einschließlich Bewertung der Szene/des Dramas.
Erfüllen eines weiteren aufgabenbezogenen Kriteriums	

2.2 Aufgabenstellung mit Prüfungstext

Klassenarbeit:

Analyse einer Dramenszene aus Lutz Hübners „Das Herz eines Boxers"

Arbeitsauftrag:

Analysiere die 1. Szene des Dramas „Das Herz eines Boxers" von Lutz Hübner (geb. 1964) aus dem Jahre 1996. Orientiere dich dabei an dem dir bekannten und dir vorliegenden Analyseschema zur Analyse einer Dramenszene.

Bearbeitungszeit:

60 Minuten

Zugelassene Hilfsmittel:

- Wörterbuch der deutschen Rechtschreibung
- Auszug der 1. Szene des Jugendtheaterstücks (siehe Anlage)
- Unkommentierte Fassung des Jugendtheaterstücks

Viel Erfolg!

Auszug aus dem Drama: Lutz Hübner (1996): Das Herz eines Boxers. Ein Jugendtheaterstück.

1. Szene

Leo kommt herein, auf einem Tisch liegen ein frisches Handtuch und eine kleine Schale mit Tabletten.

Leo hängt sich das Handtuch um, schüttet sich die Tabletten in die Hand, geht zum Fenster, öffnet es, sieht sich um, dann schmeißt er die Tabletten in hohem Bogen nach draußen, er schließt das Fenster.

Er markiert ein paar Boxschläge, ein Geräusch ist von draußen zu hören. Leo setzt sich schnell in den Sessel, zieht sich eine Decke über die Füße, rückt den Sessel Richtung Fenster, sieht nach draußen.

Die Tür geht auf, Jojo kommt herein, er hat Folie, einen Eimer weiße Wandfarbe und Pinsel dabei.

Jojo Schönen Tag, die Knackibrigade Schöner Wohnen soll aus der Butze hier wieder eine menschliche Behausung machen. Glückwunsch, dass es ausgerechnet dich erwischt hat, lass die Knorken knallen, die nächste Kolonne kommt frühestens in hundert Jahren, und wer weiß, ob wir das noch erleben, was?

Er stellt die Sachen ab.

Also, die nächsten Tage geht hier die Post ab.

Da hilft nur eins, Ruhe bewahren, keine Panik. Die Pantoffeln und die Strickweste bleiben sauber, du wirst gleich hübsch in Folie verpackt, ich hab sogar durchsichtige mitgebracht, damit du mir schwer beeindruckt beim Streichen zusehen kannst. Kommt ja schließlich nicht alle Tage vor, dass hier im Heim einer arbeitet, was? Klar, Strohsterne und so'n Tinnef is ja auch ne Schweinearbeit. Okay, das war der Showteil. Wo fang ich denn an? *Er sieht sich um.*

Die Wand ist hier ganz gut.

Leo dreht sich um, sieht Jojo an.

Was glotzt du denn so?

Der erste Besuch seit dem Krieg, was?

Glaub bloß nicht, dass ich das hier aus Menschenfreude mache.

Seh ich aus wie jemand, der ein Herz für Senioren hat?

Eben.

Also, bringen wir's hinter uns, ich streich dir die Bude, reiß meine Stunden runter und du versuchst mir nicht im Weg rumzustehen, okay? Also, ran an die Buletten.

Jojo setzt sich, zündet sich eine Zigarette an.

Ich rauch erst mal eine, darf ich doch, oder?

Ist doch für dich auch mal was anderes, nich?

Jojo raucht, Leo sieht ihn an.

Zigaretten heißen die Dinger.

Gab's das zu deiner Zeit in Freiheit noch nicht?

Oder findest du, dass ich faul und unverschämt bin.

Also dass das mal klar ist.

Wenn da irgendwelche Rentnersprüche kommen, werde ich ungemütlich.

Ich will das hier in Frieden hinter mich bringen, und es ist mir scheißegal, ob die Arbeitsmoral früher besser war.

Ich krieg keinen Pfennig für den Job, also seh ich auch nicht ein, dass ich mir hier den Buckel krumm schufte, das sind Strafstunden, höchstrichterliche Anordnung.

Leo sieht ihn an. Stille.

Ich hab keinen umgebracht, ich hab auch keinem Rentner das Hundefutter aus dem Kühlschrank gestohlen, keine Panik.

Stille.

Kannst ruhig wieder aus dem Fenster starren, ich klau dir schon keinen Karton unterm Arsch weg, ich steh nicht so auf Altertum, darfste alles behalten.

Jojo löscht die Zigarette.

Ich hol jetzt mal die Leiter rein, nur damit du nicht erschrickst und plötzlich gar nichts mehr sagst, wäre doch schade um die schöne Plauderei, was?

Was starrst du mich denn so an?

Ich hab kapiert, dass du ganz prima 'ne alte Echse nachmachen kannst, ich bin echt beeindruckt.

Also, lass mir meine Ruhe und guck aus'm Fenster.

Oh Mann, hier macht man was mit, ätzend.

Weißt du, ich hab das nicht so gern, das macht mich nervös.

Ich fang nachher noch an, deinen Lehnstuhl weiß zu streichen, und das wäre doch echt irgendwie voll übel, wo du dich jetzt so schön an das Kackbraun gewöhnt hast, oder? Dreh ab, hab ich gesagt! *Leo sieht zum Fenster hinaus.*

Na geht doch.

Jojo holt die Leiter, stellt sie auf, Leo dreht sich wieder um.

Oder soll ich dich zu den Bauklötzchen runterbringen, während ich hier rumzaubere?

So ein Partyknüller wie du kommt da doch bestimmt gut an.

Stille. Jojo räumt Kartons in die andere Ecke, legt Folie aus.

Also wenn du Spaß dran hast, bring ich dir auch gerne Sprechen bei. So die Grundbegriffe: ja, nein, bitte, danke, cool, kult, ätzend. Das kann wahre Wunder wirken, kommt man locker mit durch.

Naja, hier im Heim wahrscheinlich besser „Hose voll" und „Schmerzen".

So, Meister, jetzt geht's los!

Er steigt auf die Leiter, nimmt einen Pinsel voll Farbe und streicht eine Ecke.

Na? Wirkt doch gleich viel freundlicher.

Ja, hast du alles meinem Jugendrichter zu verdanken.

Ein geklautes Mofa, und schon geht für einen Rentner die Sonne auf.

Er streicht weiter.

Oder bedank dich besser bei der Alten, die nachts um zwei noch aus dem Fenster gafft, während Jugendliche versuchen, sich zu motorisieren. Ohne die hätte ich jetzt ein Mofa und 'nen freien Nachmittag. Mit 'nem schönen Platz hier im Heim wäre das nicht passiert, da hätte sie höchstens petzen können, wenn ihr euch die Gebisse aus dem Nachttisch angelt.

Na ja, aber dann hätten wir uns nie kennengelernt, so ist das Leben.

Er streicht.

Find ich echt bombig, dass dir mein Humor liegt, renk dir bloß nichts aus beim Lachen, nachher bin ich noch schuld.

Jojo streicht, Leo hustet.

Oh Mann, ich bin richtig erleichtert, ich hab schon angefangen, mir Sorgen zu machen.

Wie bei meinem Opa.

Sitzt der mit Oma beim Essen, sagt sie, morgen gibt's Regen, sagt er, interessiert mich nicht mehr, legt sich hin und geht übern Jordan. *Jojo streicht, steigt dann von der Leiter.*

So, Halbzeit, große Pause.

Ich will ja schließlich auch nicht zu früh fertig werden, nachher schaff ich's in der halben Zeit und die kommandieren mich in eine andere Zelle und da sitzt einer rum und starrt mich nur an.

So Typen soll's ja geben.

Nee nee, hier ist's gemütlich, das teil ich mir gut ein.

Wenn ich hier fertig bin, sind meine Stunden rum, dann hat sich's mit dem Scheiß.

Jojo isst einen Schokoriegel.

Das ist ja richtig Knast hier.

Seid ihr alle gemeingefährlich oder was?

Bei den Bekloppten drüben versteh ich's ja, aber bei so Opas wie euch? Die haben wohl Angst, dass ihr vor ein Auto latscht, was?

Also eins weiß ich, bevor ich mal in so einem Rentnerknast lande, schieße ich mir 'ne Kugel in den Kopf.

Na ja, genug gelabert, der Berg ruft.

Jojo nimmt den Pinsel, steigt auf die Leiter.

Oh Scheiße, die Farbe.

Sag mal, Kumpel, kannst du mir mal eben den Eimer hochgeben?

Leo erhebt sich langsam. Jojo streckt die Hand aus, Leo gibt Jojo den Farbeimer hoch, schrägt ihn dabei immer mehr an.

Hey, pass auf, der kippt gleich.

Die Farbe läuft Jojo über die Füße.

Sag mal, bist du bescheuert?

BLACK.

(Aus: Lutz Hübner, Das Herz eines Boxers: Ein Jugendtheaterstück. Texte und Materialien zusammengestellt von Henning Fangauf. Klett Verlag 2009. Lizenzausgabe mit Genehmigung des Hartmann & Staufacher Verlags, Köln 1996. S. 4–7)

2.3 Erwartungshorizont mit Lerntipps

Inhaltliche Leistung **Der Prüfling …**	**Erreich-bare Punkte**	**Erreichte Punkte**
(1) *verfasst* einen treffenden Einleitungssatz zu Lutz Hübners Jugendtheaterstück *„Das Herz eines Boxers“* und *benennt* dabei den Autor des Jugendtheaterstücks, den Titel, die Textsorte/Gattung, das Erscheinungsjahr/die Epoche und das Thema des gesamten Dramas, z. B.: ■ Autor = Lutz Hübner (geb. 1964) ■ Titel = *„Das Herz eines Boxers“* ■ Textsorte/Gattung = Jugendtheaterstück/Drama ■ Erscheinungsjahr = 1996 ■ Epoche = Gegenwartsliteratur ■ Thema = Das Werk thematisiert die sich wandelnde Beziehung zwischen dem 16-jährigen Jojo, der von einem Jugendrichter zu Strafarbeit in einem Altersheim verurteilt worden ist, und dem über 60-jährigen Leo, einem ehemaligen Profiboxer, der das Zimmer bewohnt, das Jojo streichen soll. Obwohl sie sich anfangs nichts zu sagen haben, entwickelt sich im Laufe des Dramas eine Freundschaft zwischen den beiden, die sich fortan unter die Arme greifen und sich gegenseitig dabei helfen, ihr Leben neu zu gestalten.	**4**	
(2) *ordnet* die zu analysierende Szene treffend und prägnant in den Dramenzusammenhang *ein* und *stellt* die Bedeutung der 1. Szene für das Drama/für den weiteren Verlauf des Dramas treffend *heraus*, z. B.: ■ Die 1. Szene leitet in das Jugendtheaterstück ein; die beiden Figuren Jojo und Leo, das Altersheim als Ort der Handlung sowie die Handlung selber werden vorgestellt. Unmittelbar zuvor wurde Jojo zum Ableisten der Strafarbeit verurteilt, da er in den Diebstahl eines Mofas involviert war und die Schuld, auch um ein Mädchen zu beeindrucken, auf sich genommen hat. Im weiteren Verlauf der Handlung lernen sich die beiden immer besser kennen, eine Freundschaft entsteht, beide helfen sich gegenseitig bei der Verwirklichung ihrer Pläne, sodass die Szene den Ausgangspunkt der Handlung und den Nullpunkt der Beziehung zwischen Jojo und Leo darstellt.	**5**	
(3) *verfasst* eine treffende Deutungshypothese, die das Thema der Szene und ihre Funktion *erläutert*, z. B.: ■ Die 1. Szene leitet in das Jugendtheaterstück ein und zeigt das erste Zusammentreffen der beiden Protagonisten Jojo und Leo. Sie zeigt, dass beide sich zunächst, auch aufgrund ihrer vielen Unterschiedlichkeiten, nichts zu sagen haben und dass sich beide gegenseitig wenig wertschätzen. Im Gesamtzusammenhang des Jugendtheaterstückes wird gezeigt, dass auch aus einer derartigen Situation eine Freundschaft zwischen zunächst unterschiedlich wirkenden Personen entstehen kann.	**6**	
(4) *verfasst* eine treffende Inhaltsangabe, die den Inhalt der Szene chronologisch, inhaltlich treffend und gegliedert *wiedergibt*, z. B.: ■ Leo befindet sich in seinem Zimmer im Altersheim, wirft die ihm verordneten Tabletten aus dem Fenster, übt ein paar Boxschläge, hört Geräusche von draußen und setzt sich daraufhin in seinen Sessel. Er schweigt und zeigt sich unbeweglich und desinteressiert.	**6**	

Inhaltliche Leistung **Der Prüfling ...**	**Erreich-bare Punkte**	**Erreichte Punkte**
■ Jojo tritt mit einem Eimer Farbe, Folie und Pinseln ein und stellt sich und seine „Strafarbeit" vor und versucht umfassend und in vielen Versuchen, mit Leo Kontakt aufzunehmen, der allerdings in keiner Weise auf Jojo und sein jugendliches Auftreten reagiert, was Jojo provoziert/verärgert, ihn aber nicht davon abhält, weiter Kontakt aufzunehmen, was er sehr forsch, frech und aufdringlich tut. ■ Jojo berichtet, wie es dazu kommt, dass er die „Strafarbeit" im Altersheim ableisten muss, dass er nachts ein Mofa klauen wollte und dabei erwischt wurde. ■ Jojo bittet Leo, ihm den Eimer Farbe anzugeben, worauf Leo reagiert und ihm den Eimer angibt, wobei Jojo aber (durch Zufall oder durch Absicht?) Farbe über die Füße läuft.		
(5) *analysiert* und *interpretiert* die Szene nach dem Dreischritt These – Erläuterung – Beleg mit individueller Schwerpunktsetzung und *untersucht* z. B.: ■ die Ziele und Motive der Dialogpartner ■ die Gesprächssituation, den Gesprächsgegenstand und -verlauf, das Gesprächsverhalten, die Figuren und ihre Beziehung zueinander ■ die sprachlichen Besonderheiten in ihrer Funktion ■ die Regieanweisungen in ihrer Funktion Exemplarisch ausgearbeitet und mit Zeilenangaben versehen werden könnte: ■ das Motiv Jojos, die Zeit im Altersheim möglichst angenehm zu verbringen, ohne sich zu überarbeiten (z. B. S. 45, Z. 10 ff.) ■ das Motiv Leos, sich zu maskieren und nicht aufzufallen (S. 44, Z. 1 ff.) ■ die einseitige Kommunikationssituation, bestehend aus einem Monolog Jojos, der sich über die gesamte Szene erstreckt, und wenigen, vor allem nonverbalen Reaktionen Leos; die Versuche Jojos, Leo ins Gespräch zu bringen ■ Jojos Formulierungen in Jugend- und Umgangssprache (S. 44, Z. 28; S. 45, Z. 23 ff. usw.) ■ die Verwendung von rhetorischen Fragen durch Leo, um Jojo in das Gespräch einzubinden (S. 45, Z. 5 usw.) ■ die Bedeutung der Regieanweisungen, z. B. anhand von S. 44, Z. 1 ff. – hier erfahren die Leserinnen und Leser, dass Leo das nachfolgende Verhalten nur vorspielt; oder S. 45, Z. 26 – hier wird deutlich, dass Jojo seine Zigarette auslöscht.	**16** **(3)** **(8)** **(3)** **(2)**	
(6) *verfasst* einen treffenden Schlussteil einschließlich Reflexion der Analyse und *fasst* dabei die Ergebnisse samt Veri- oder Falsifizierung der Deutungshypothese *zusammen*. *Stellt* die Bedeutung der 1. Szene für das gesamte Drama noch einmal *heraus* und *schließt* die Bearbeitung mit einer Bewertung/eigenen Meinung *ab*, z. B.: ■ Die in der Analyse erarbeitete 1. Szene zeigt das erste Zusammentreffen zwischen den beiden Protagonisten Jojo und Leo. Während sich im weiteren Verlauf des Jugendtheaterstückes eine Freundschaft zwischen beiden Figuren entwickelt, zeigen sich zunächst zwei vollkommen unterschiedliche Charaktere. Leo möchte sich maskieren und hat keine Lust, Kontakt mit Jojo aufzunehmen. Jojo möchte seine Arbeit möglichst schnell und in angenehmem Umfeld erledigen und hat Vorurteile gegenüber älteren Menschen und somit auch gegenüber Leo. Die Veri- oder Falsifizierung der Deutungshypothese und die Bewertung erfolgen individuell.	**8**	
(7) erfüllt ein weiteres aufgabenbezogenes Kriterium	**(4)**	
Summe: inhaltliche Leistung	**45**	

Darstellungsleistung Der Prüfling ...	Erreich- bare Punkte	Erreichte Punkte
(1) strukturiert den eigenen Text schlüssig, gedanklich klar und auftragsbezogen.	2	
(2) formuliert unter Beachtung des Adressatenbezugs sowie der fachsprachlichen und fachmethodischen Anforderungen.	2	
(3) nimmt in eigenen Aussagen sachgerecht und für die geforderte Textsorte angemessen Bezug auf die Ausgangsmaterialien.	1	
(4) formuliert eigenständig, allgemeinsprachlich präzise und stilistisch angemessen.	2	
(5) schreibt sprachlich richtig (R, Z, G) und formal korrekt.	8	
Summe: Darstellungsleistung	**15**	
Gesamtsumme:	**60**	

1+	1	1-	2+	2	2-	3+	3	3-	4+	4	4-	5+	5	5-	6
60	57	54	51	48	45	42	39	36	33	30	27	24	21	18	15
59	56	53	50	47	44	41	38	35	32	29	26	23	20	17	...
58	55	52	49	46	43	40	37	34	31	28	25	22	19	16	

Gesamtnote:	
Daran kannst du noch arbeiten:	**Fehlerschwerpunkt vorhanden, bitte noch einmal wiederholen!**
(1) Aufbau einer Dramenanalyse (siehe Analyseschema)	
(2) Verfassen eines Einleitungssatzes (siehe Analyseschema)	
(3) Verfassen einer Deutungshypothese (siehe Analyseschema)	
(4) Untersuchung der sprachlichen Gestaltung einer Dramenszene (siehe Analyseschema)	
(5) Wiederholung des Unterschieds von „das“ und „dass“ (siehe Arbeitsblatt: Besonderheit bei den s-Lauten)	
(6) Wiederholung der Regeln der Groß- und Kleinschreibung. Achte dabei besonders auf: (siehe Deutschbuch, S. 363–364)	
(7) Wiederholung der Regeln der Zeichensetzung. Achte dabei besonders auf: (siehe Deutschbuch, S. 357–359)	

2.4 Bewertungsbeispiel: Klassenarbeit 1

Klassenarbeit Nr. 5

Korrekturrand	Text
	In dem Drama „Das Herz eines
	Boxers" von Lutz Hübner, welches
	1996 veröffentlicht wurde, geht es
/Z	um einen Jungen, namens Jojo,
	welcher im einem Altersheim
Das Thema des Dramas hättest Du treffender benennen können. /A	Sozialstunden ~~machen~~ machen muss.
/A	Vor der 1. Szene klaut Jojo
	ein Mofa und wird dabei von
	der Polizei verhaftet. Deswegen
Was passiert nach der ersten Szene?	muss er die Sozialstunden im
/A (s.o.)	dem Altersheim machen.
	Das Thema des Dialogs ist, dass
Bz Wer ist Leo? /Z /G	Jojo Leo sagt, dass er einen
/Z	neuen ~~Farb~~ Wandfarbe bekommt,
/Z /Bz	und Jojo erzählt, weswegen er
/R /A (s.o.)	die Sozialstunden machen muss.
	Die Funktion der Szene ist, dass
/A /Z	Leo erstmal nichts sagt, um
	sich ein Bild von Jojo zu
/Z	machen, und Jojo sich ein Bild
Das Thema des Dialogs hättest Du treffender benennen müssen.	von Leo macht.
Versuche dabei, den Begriff „machen"	Im ersten Abschnitt der 1. Szene
seltener zu verwenden.	redet Jojo darüber, dass Leos
/Wdh.	Zimmer einen neuen ~~Anstr~~
/G	Anstrich bekommt und das

er das nicht freiwillig macht,
sondern Sozialstunden ableistet. /R
Im 2. Abschnitt redet Jojo über /A
seine Diebstahl und erklährt, dass /G /R
er ein Mofa gestohlen hat und
eine alte Dame ihn dabei erwischt
hat. Im 3. Abschnitt redet Jojo /A (Wdh.)
darüber, dass er es bei Leo gemütlich
findet, und er redet darüber, wie /Z /A
sein Opa gestorben ist. Dies erzählt
er aber lustig und nicht traurig.

In der 1. Szene kommen nur /A
Jojo und Leo vor, doch Leo
sagt garnichts und Jojo redet /R /A → Du benutzt zu häufig das Wort „reden" → Alternativen finden!
die ganze Zeit. Das Gesprächsverhalten /f.
ist normal, doch Leo sagt /Wdh.
nichts und Jojo redet in seiner /A
Jugendsprache. Die Regieanweisungen
sollen die Situation bildlicher
für den Leser darstellen. /A

Die Darstellung der Bedeutung
der Szene soll den anfang /R Sb
einer Freundschaft darstellen.

Gut! Auf diesen Punkt kannst Du gerne noch genauer eingehen!

Meiner Meinung nach ist die
1. Szene bedeutend für das Buch, weil /Wdh.
sie den Anfang einer besonderen
Freundschaft zeigt.

Das Drama ist eine komödie, weil es mit Witz und Humor geschrieben worden ist und am Ende geht alles gut.

/Sb

Diesen Punkt musst Du ebenfalls genauer erklären. Gerne kannst Du dazu Beispiele aus dem Text verwenden.

Deine Analyse zeigt in weiten Teilen deutliche Mängel und ist häufig zu oberflächlich. Auf viele Punkte des Analyseschemas bist Du leider gar nicht / kaum eingegangen, z. B. auf die sprachliche Gestaltung der Szene. Bitte schaue Dir das Analyseschema noch einmal genau an, Deine Berichtigung würde ich gerne gemeinsam mit Dir besprechen.

// mangelhaft plus (5+) ///

XXXX, 29.5.2017

Inhaltliche Leistung **Der Prüfling ...**	**Erreichbare Punkte**	**Erreichte Punkte**
(1) *verfasst* einen treffenden Einleitungssatz zu Lutz Hübners Jugendtheaterstück *„Das Herz eines Boxers“* und *benennt* dabei den Autor des Jugendtheaterstücks, den Titel, die Textsorte/Gattung, das Erscheinungsjahr/die Epoche und das Thema des gesamten Dramas ...	4	3
(2) *ordnet* die zu analysierende Szene treffend und prägnant in den Dramenzusammenhang *ein* und *stellt* die Bedeutung der 1. Szene für das Drama/für den weiteren Verlauf des Dramas treffend *heraus* ...	5	2
(3) *verfasst* eine treffende Deutungshypothese, die das Thema der Szene und ihre Funktion *erläutert* ...	6	2
(4) *verfasst* eine treffende Inhaltsangabe, die den Inhalt der Szene chronologisch, inhaltlich treffend und gegliedert *wiedergibt* ...	6	2
(5) *analysiert* und *interpretiert* die Szene nach dem Dreischritt These-Erläuterung-Beleg mit individueller Schwerpunktsetzung und *untersucht* z. B.:	16	4
■ die Ziele und Motive der Dialogpartner	(3)	(1)
■ die Gesprächssituation, den Gesprächsgegenstand und -verlauf, das Gesprächsverhalten, die Figuren und ihre Beziehung zueinander	(8)	(2)
■ die sprachlichen Besonderheiten in ihrer Funktion	(3)	(0)
■ die Regieanweisungen in ihrer Funktion	(2)	(1)
(6) *verfasst* einen treffenden Schlussteil einschließlich Reflexion der Analyse und *fasst* dabei die Ergebnisse samt Veri- oder Falsifizierung der Deutungshypothese *zusammen*. *Stellt* die Bedeutung der 1. Szene für das gesamte Drama noch einmal *heraus* und *schließt* die Bearbeitung mit einer Bewertung/eigenen Meinung *ab* ...	8	4
(7) erfüllt ein weiteres aufgabenbezogenes Kriterium	(4)	–
Summe: inhaltliche Leistung	**45**	**17**

Darstellungsleistung **Der Prüfling ...**	**Erreichbare Punkte**	**Erreichte Punkte**
(1) strukturiert den eigenen Text schlüssig, gedanklich klar und auftragsbezogen.	2	1
(2) formuliert unter Beachtung des Adressatenbezugs sowie der fachsprachlichen und fachmethodischen Anforderungen.	2	1
(3) nimmt in eigenen Aussagen sachgerecht und für die geforderte Textsorte angemessen Bezug auf die Ausgangsmaterialien.	1	0
(4) formuliert eigenständig, allgemeinsprachlich präzise und stilistisch angemessen.	2	1
(5) schreibt sprachlich richtig (R, Z, G) und formal korrekt.	8	4
Summe: Darstellungsleistung	**15**	**7**
Gesamtsumme:	**60**	**24**

1+	1	1-	2+	2	2-	3+	3	3-	4+	4	4-	5+	5	5-	6
60	57	54	51	48	45	42	39	36	33	30	27	24	21	18	15
59	56	53	50	47	44	41	38	35	32	29	26	23	20	17	...
58	55	52	49	46	43	40	37	34	31	28	25	22	19	16	

Gesamtnote: **5 + (mangelhaft plus)**	
Daran kannst du noch arbeiten:	**Fehlerschwerpunkt vorhanden, bitte noch einmal wiederholen!**
(1) Aufbau einer Dramenanalyse (siehe Analyseschema).	✗
(2) Verfassen eines Einleitungssatzes (siehe Analyseschema).	
(3) Verfassen einer Deutungshypothese (siehe Analyseschema).	✗
(4) Untersuchung der sprachlichen Gestaltung einer Dramenszene (siehe Analyseschema).	✗
(5) Wiederholung des Unterschieds von „das" und „dass" (siehe Arbeitsblatt: Besonderheit bei den s-Lauten)	✗
(6) Wiederholung der Regeln der Groß- und Kleinschreibung. Achte dabei besonders auf: (siehe Deutschbuch, S. 363–364)	
(7) Wiederholung der Regeln der Zeichensetzung. Achte dabei besonders auf: (siehe Deutschbuch, S. 357–359)	✗

2.5 Bewertungsbeispiel: Klassenarbeit 2

Deutscharbeit Nr. 8

In dem Drama „Das Herz eines Boxers", von Lutz /Z
Hübner aus dem Jahr 1996, geht es um den Jugendli- /Z
chen Jojo, der Sozialstunden in einem Altersheim ab- /W
leisten muss und dabei den Rentner Leo kennenlernt.
Zwischen den Beiden entsteht, eine im Verlauf des /Z /R
Buches, immer enger werdende Freundschaft und /Z
gemeinsam erleben sie Höhen und Tiefen. /A

An dieser Stelle kannst Du das Werk gerne in eine Epoche einordnen.

Du leitest gut in Deine Analyse ein und benennst das Thema treffend.

In der ersten Szene beginnt das Buch und Jojo fängt /A /Sb
an mit den Sozialstunden bei Leo im Zimmer.
Nach der ersten Szene stellt sich heraus, dass
Leo eigentlich reden kann und nur so tut, als hätte
er einen Schlaganfall gehabt, wodurch er in der ersten /A
Szene so tun muss, als könnte er nicht sprechen. /G
Außerdem wird klar, dass Jojo das Mofa, warum er /A
überhaupt Sozialstunden leisten muss, garnicht geklaut, /W (s.o.) /R /Z /St
sondern nur jemanden gedeckt hat.
Obwohl sich Jojo in der ersten Szene über Leo lustig
macht, entwickelt sich nach der ersten Szene zwischen /A (s.o.) /Sb
den Beiden eine Freundschaft und Jojo respektiert /R (s.o.)
Leo, obwohl er in der ersten Szene sehr respektlos /A (s.o.)
mit Leo spricht. Für den weiteren Verlauf ist besonders wichtig, /T * nächste Seite

das kannst Du genauer erklären: Warum tut er das?

Das Thema des Dialogs sind Jojos Sozialstunden
und seine Lustlosigkeit darüber. Jojo macht sich /A
darüber lustig, dass Leo nicht spricht, und macht deutlich, /Z
dass er keine Lust auf seine Sozialstunden bei /G
Leo im Zimmer hat. Die Szene ist für den Gesamttext

*Szene	sehr wichtig, da Leo und Jojo in dieser* noch keinen
/A /R(s.o.)	Bezug zueinander haben und die Beiden sich noch
/G	überhaupt nicht mögen. An dieser Szene kann man
Die Deutungshypothese passt gut zu der vorliegenden Szene.	gut die Veränderung und Entwicklung von Jojo und Leo und ihrem Verhältnis im Verlauf des Buches erkennen.
[–]	In [der] Szene 1 geht es darum, dass Jojo in das
	Altersheim kommt, um dort mit seinen Sozialstunden
/A	anzufangen. Jojo kommt mit seinen Streichsachen ins
ungenau	Zimmer und macht Leo, der still in seinem Sessel sitzt,
	erst einmal deutlich, dass er überhaupt keine Lust
/Z	hat, Leos Zimmer zu streichen, und möglichst schnell
Groß- und Kleinschreibung musst Du deutlicher voneinander trennen. /R	fertig werden möchte. Außerdem zeigt er Leo, indem er sich über ihn lustig macht, dass er nichts von ihm und alten Leuten hält.
/Bz	Jojo macht Witze über Leo, da er nicht spricht und
/A	sich nicht wirklich bewegt. Während er dann anfängt
/Z *versucht hat	zu streichen, erzählt er Leo, dass er* ein Mofa zu klauen
/W(s.o.)	und daher die Sozialstunden leisten muss. Am Ende der
[–]	Szene macht Jojo sich [noch] über das Altersheim lustig
	und als er möchte, dass Leo ihm den Farbeimer reicht,
/A	kippt Leo ihm den über die Füße.
Auf die Ziele und Motive von Leo hättest Du ebenfalls eingehen können.	
	Das Ziel von Jojo ist es in der Szene, Leo deutlich zu
/Sb	machen, dass er keine Lust auf die Sozialstunden und
/FS	auch Leo hat. Jojos Motiv ist, dass er kein Geld für die
/A(s.o.)	Sozialstunden bekommt und nicht wirklich einsieht,
	dass es blöd war, das Mofa klauen zu wollen.
/A	Die Gesprächssituation ist in einem Altersheim, bei Leo im

Mittelstufe – Klasse 8

zimmer. Leo sitzt in seinem Sessel und Leo steht auf einer /f.
leiter und streicht. /R

In der Szene unterhält sich Jojo mit Leo allein, jedoch //A (s.o.) /Sb
erzählt Jojo von einer alten Frau, die ihn beim Mofa
klauen erwischt hat.

Größtenteils sind Leos Sozialstunden der Gesprächs-
gegenstand und seine Späße über Leo. Der Gesprächs- /Sb
verlauf ist, dass Jojo erst einmal klarmacht, dass er keine /A (s.o.) /A
Lust auf seine Sozialstunden hat und, dass Leo ihn in /A /Z
Ruhe lassen soll. In der Mitte des Dialogs erzählt Jojo /Z
warum er überhaupt im Altersheim arbeiten muss.

Am Ende, macht er sich nochmal über die Leute und das /Z //A
Altersheim lustig.

Es redet in der ersten Szene durchgehend Jojo, da er /Sb
denkt, dass Leo nicht sprechen kann.

Auf die sprachlichen Besonderheiten und auf ihre Funktion hättest Du noch genauer eingehen können.

Sprachliche Besonderheiten sind Jojos Jugendsprache
und seine direkte Art. Er macht durch seine direkt
gewählten Worte und durch die lockere, aber auch ein /A
wenig respektlose Art deutlich, was er von allem hält.

Die Regieanweisungen sind besonders in dieser Szene gut!
wichtig, da Leo nicht spricht und daher weiß man /Z
besser, was er gerade macht. Leo würde ohne die Regie-
anweisungen in dieser Szene garnicht vorkommen und /R (s.o.) /A
daher sind sie wichtig für das Textverständnis.

Zusammenfassend ist die Szene sehr wichtig für den
Gesamttext, da sich Jojo und Leo das erste Mal begegnen
und, da durch diese Szene deutlich wird, wie sich das /Z
Verhältnis und die Freundschaft noch entwickeln wird, /R /G /Z
zum Beispiel im Vergleich zur siebten Szene. /R

Das Drama spielt in der Gegenwart, was man zum
R Beispiel an Jojos Jugendsprache erkennen kann, und
/A es ist auch sehr aktualitätsbezogen, da sich eine
Sb Freundschaft entwickelt, trotz des Altersunterschied
/G und den komplett anderen Lebensstilen.
Mir gefällt es, dass das Drama zeigt, dass sich
zwischen zwei so unterschiedlichen Menschen eine
Freundschaft entwickeln kann. An der Szene gefällt
[–] mir, dass Jojo [so] eine lockere Art hat und sich ein
/A bisschen über alles lustig macht.
/B2 * dass Jojo erzählt, warum Jojo überhaupt Sozial-
/W(n.o.) stunden leisten muss.

Du hast in diesem Schuljahr tolle Fortschritte gemacht und Dich auch in dieser Arbeit weiter verbessert. Das Aufstellen der Deutungshypothese ist Dir gut gelungen und Du hast in Deiner Analyse gute Aspekte erarbeitet. Genauer hättest Du z. B. auf die sprachliche Gestaltung der Szene eingehen können.
Im Bereich der Darstellungsleistung kannst Du noch etwas mehr auf Deinen Satzbau achten. Suche Dir dazu die Seiten 25–27 in Deinem Arbeitsheft noch einmal an!

// befriedigend plus (3+) //

XXXX, 29.5.17

Mittelstufe – Klasse 8

Inhaltliche Leistung **Der Prüfling …**	**Erreichbare Punkte**	**Erreichte Punkte**
(1) *verfasst* einen treffenden Einleitungssatz zu Lutz Hübners Jugendtheaterstück *„Das Herz eines Boxers“* und *benennt* dabei den Autor des Jugendtheaterstücks, den Titel, die Textsorte/Gattung, das Erscheinungsjahr/die Epoche und das Thema des gesamten Dramas …	4	4
(2) *ordnet* die zu analysierende Szene treffend und prägnant in den Dramenzusammenhang *ein* und *stellt* die Bedeutung der 1. Szene für das Drama/für den weiteren Verlauf des Dramas treffend *heraus* …	5	5
(3) *verfasst* eine treffende Deutungshypothese, die das Thema der Szene und ihre Funktion *erläutert* …	6	5 Gut!
(4) *verfasst* eine treffende Inhaltsangabe, die den Inhalt der Szene chronologisch, inhaltlich treffend und gegliedert *wiedergibt* …	6	4
(5) *analysiert* und *interpretiert* die Szene nach dem Dreischritt These-Erläuterung-Beleg mit individueller Schwerpunktsetzung und *untersucht* z. B.: ■ die Ziele und Motive der Dialogpartner ■ die Gesprächssituation, den Gesprächsgegenstand und -verlauf, das Gesprächsverhalten, die Figuren und ihre Beziehung zueinander ■ die sprachlichen Besonderheiten in ihrer Funktion ■ die Regieanweisungen in ihrer Funktion	16 (3) (8) (3) (2)	10 (2) (5) (1) (2)
(6) *verfasst* einen treffenden Schlussteil einschließlich Reflexion der Analyse und *fasst* dabei die Ergebnisse samt Veri- oder Falsifizierung der Deutungshypothese *zusammen*. *Stellt* die Bedeutung der 1. Szene für das gesamte Drama noch einmal *heraus* und *schließt* die Bearbeitung mit einer Bewertung/eigenen Meinung *ab* …	8	6
(7) erfüllt ein weiteres aufgabenbezogenes Kriterium	(4)	–
Summe: inhaltliche Leistung	45	34

Darstellungsleistung **Der Prüfling ...**	**Erreichbare Punkte**	**Erreichte Punkte**
(1) strukturiert den eigenen Text schlüssig, gedanklich klar und auftragsbezogen.	2	1
(2) formuliert unter Beachtung des Adressatenbezugs sowie der fachsprachlichen und fachmethodischen Anforderungen.	2	1
(3) nimmt in eigenen Aussagen sachgerecht und für die geforderte Textsorte angemessen Bezug auf die Ausgangsmaterialien.	1	0
(4) formuliert eigenständig, allgemeinsprachlich präzise und stilistisch angemessen.	2	1
(5) schreibt sprachlich richtig (R, Z, G) und formal korrekt.	8	4
Summe: Darstellungsleistung	15	7
Gesamtsumme:	60	41

1+	1	1-	2+	2	2-	3+	3	3-	4+	4	4-	5+	5	5-	6
60	57	54	51	48	45	42	39	36	33	30	27	24	21	18	15
59	56	53	50	47	44	41	38	35	32	29	26	23	20	17	…
58	55	52	49	46	43	40	37	34	31	28	25	22	19	16	

Gesamtnote: **3+ (befriedigend plus)**	
Daran kannst du noch arbeiten:	**Fehlerschwerpunkt vorhanden, bitte noch einmal wiederholen!**
(1) Aufbau einer Dramenanalyse (siehe Analyseschema)	
(2) Verfassen eines Einleitungssatzes (siehe Analyseschema)	
(3) Verfassen einer Deutungshypothese (siehe Analyseschema)	
(4) Untersuchung der sprachlichen Gestaltung einer Dramenszene (siehe Analyseschema)	
(5) Wiederholung des Unterschieds von „das“ und „dass“ (siehe Arbeitsblatt: Besonderheit bei den s-Lauten)	
(6) Wiederholung der Regeln der Groß- und Kleinschreibung. Achte dabei besonders auf: (siehe Deutschbuch, S. 363–364)	
(7) Wiederholung der Regeln der Zeichensetzung. Achte dabei besonders auf: (siehe Deutschbuch, S. 357–359)	
(8) Schlage den Begriff „Motiv“ noch einmal nach, z. B. im Sachregister deines Deutschbuchs.	✘

2.6 Zum Üben: Klassenarbeit 3

Deutscharbeit Nr. 8

In dem Drama „Das Herz eines Boxers“, von Lutz Hübner aus dem Jahr 1996, geht es um den Jugendlichen Jojo, der Sozialstunden in einem Altersheim leisten muss und dabei den Rentner Leo kennenlernt. Zwischen den Beiden entsteht, eine im Verlauf des Buches, immer enger werdende Freundschaft und gemeinsam erleben sie Höhen und Tiefen.

In der ersten Szene beginnt das Buch und Jojo fängt an mit den Sozialstunden bei Leo im Zimmer.
Nach der ersten Szene stellt sich heraus, dass Leo eigentlich reden kann und nur so tut, als hätte er einen Schlaganfall gehabt, wodurch er in der ersten Szene so tun muss, als könnte er nicht sprechen. Außerdem wird klar, dass Jojo das Mofa, warum er überhaupt Sozialstunden leisten muss, garnicht geklaut, sondern nur jemanden gedeckt hat.
Obwohl sich Jojo in der ersten Szene über Leo lustig macht, entwickelt sich nach der ersten Szene zwischen den Beiden eine Freundschaft und Jojo respektiert Leo, obwohl er in der ersten Szene sehr respektlos mit Leo spricht. Für den weiteren Verlauf ist besonders wichtig, * → nächste Seite

Das Thema des Dialogs sind Jojos Sozialstunden und seine Lustlosigkeit darüber. Jojo macht sich darüber lustig, dass Leo nicht spricht und macht deutlich, dass er keine Lust auf seine Sozialstunden bei Leo im Zimmer hat. Die Szene ist für den Gesamttext

Korrigieren Sie diese Arbeit und vergleichen Sie Ihr Ergebnis mit der Musterkorrektur auf der CD. Füllen Sie auch den Erwartungshorizont und die Lerntipps aus.

*Szene

sehr wichtig, da Leo und Jojo in dieser* noch keinen Bezug zueinander haben und die Beiden sich noch überhaupt nicht mögen. An dieser Szene kann man gut die Veränderung und Entwicklung von Jojo und Leo und ihrem Verhältnis im Verlauf des Buches erkennen.

In der Szene 1 geht es darum, dass Jojo in das Altesheim kommt, um dort mit seinen Sozialstunden anzufangen. Jojo kommt mit seinen Streichsachen ins Zimmer und macht Leo, der still in seinem Sessel sitzt erst einmal deutlich, dass er überhaupt keine Lust hat, Leos Zimmer zu streichen und möglichst schnell fertig werden möchte. Außerdem zeigt er Leo, indem er sich über ihn lustig macht, dass er nichts von ihm und alten Leuten hält.
Jojo macht Witze über Leo, da er nicht spricht und sich nicht wirklich bewegt. Während er dann anfängt zu streichen, erzählt er Leo, dass er *ein Mofa zu klau und daher die Sozialstunden leisten muss. Am Ende der Szene macht Jojo sich noch über das Altesheim lustig und als er möchte, dass Leo ihm den Farbeimer reicht, kippt Leo ihm den über die Füße.

*versucht hat

Das Ziel von Jojo ist es in der Szene, Leo deutlich zu machen, dass er keine Lust auf die Sozialstunden und auch Leo hat. Jojos Motiv ist, dass er kein Geld für di Sozialstunden bekommt und nicht wirklich einsieht, dass es blöd war, das Mofa klauen zu wollen.
Die Gesprächssituation ist in einem Altersheim bei Leo im

zimmer. Leo sitzt in seinem Sessel und Leo steht auf einer Leiter und streicht.

In der Szene unterhält sich Jojo mit Leo allein, jedoch erzählt Jojo von einer alten Frau, die ihn beim Mofa klauen erwischt hat.

Größtenteils sind Leos Sozialstunden der Gesprächsgegenstand und seine Späße über Leo. Der Gesprächsverlauf ist, dass Jojo erst einmal klarmacht, dass er keine Lust auf seine Sozialstunden hat und, dass Leo ihn in Ruhe lassen soll. In der Mitte des Dialogs erzählt Jojo warum er überhaupt im Altersheim arbeiten muss.

Am Ende, macht er sich nochmal über die Leute und das Altersheim lustig.

Es redet in der ersten Szene durchgehend Jojo, da er denkt, dass Leo nicht sprechen kann.

Sprachliche Besonderheiten sind Jojos Jugendsprache und seine direkte Art. Er macht durch seine direkt gewählten Worte und durch die lockere, aber auch ein wenig respektlose Art deutlich, was er von allem hält.

Die Regieanweisungen sind besonders in dieser Szene wichtig, da Leo nicht spricht und daher weiß man besser, was er gerade macht. Leo würde ohne die Regieanweisungen in dieser Szene garnicht vorkommen und daher sind sie wichtig für das Textverständnis.

Zusammenfassend ist die Szene sehr wichtig für den Gesamttext, da sich Jojo und Leo das erste Mal begegnen und, da durch diese Szene deutlich wird wie sich das Verhältnis und die Freundschaft noch entwickeln wird zum Beispiel im Vergleich zur siebten Szene.

Das Drama spielt in der Gegenwart, was man zum Beispiel an Jojos Jugendsprache erkennen kann und es ist auch sehr Aktualitätsbezogen, da sich eine Freundschaft entwickelt, trotz des Altersunterschied und den komplett anderen Lebensstilen.

Mir gefällt es, dass das Drama zeigt, dass sich zwischen zwei so unterschiedlichen Menschen eine Freundschaft entwickeln kann. An der Szene gefällt mir, dass Jojo so eine lockere Art hat und sich ein bisschen über alles lustig macht.

* dass Jojo erzählt, warum Jojo überhaupt Sozial stunden leisten muss.

Inhaltliche Leistung Der Prüfling ...	Erreich-bare Punkte	Erreichte Punkte
(1) verfasst einen treffenden Einleitungssatz zu Lutz Hübners Jugendtheaterstück „Das Herz eines Boxers" und benennt dabei den Autor des Jugendtheaterstücks, den Titel, die Textsorte/Gattung, das Erscheinungsjahr/die Epoche und das Thema des gesamten Dramas	4	
(2) ordnet die zu analysierende Szene treffend und prägnant in den Dramenzusammenhang ein und stellt die Bedeutung der 1. Szene für das Drama/für den weiteren Verlauf des Dramas treffend heraus	5	
(3) verfasst eine treffende Deutungshypothese, die das Thema der Szene und ihre Funktion erläutert	6	
(4) verfasst eine treffende Inhaltsangabe, die den Inhalt der Szene chronologisch, inhaltlich treffend und gegliedert wiedergibt	6	
(5) analysiert und interpretiert die Szene nach dem Dreischritt These – Erläuterung – Beleg mit individueller Schwerpunktsetzung und untersucht z. B.: ■ die Ziele und Motive der Dialogpartner ■ die Gesprächssituation, den Gesprächsgegenstand und -verlauf, das Gesprächsverhalten, die Figuren und ihre Beziehung zueinander ■ die sprachlichen Besonderheiten in ihrer Funktion ■ die Regieanweisungen in ihrer Funktion	16 (3) (8) (3) (2)	
(6) verfasst einen treffenden Schlussteil einschließlich Reflexion der Analyse und fasst dabei die Ergebnisse samt Veri- oder Falsifizierung der Deutungshypothese zusammen. Stellt die Bedeutung der 1. Szene für das gesamte Drama noch einmal heraus und schließt die Bearbeitung mit einer Bewertung/eigenen Meinung ab	8	
(7) erfüllt ein weiteres aufgabenbezogenes Kriterium	(4)	
Summe: inhaltliche Leistung	**45**	

Darstellungsleistung Der Prüfling ...	Erreich-bare Punkte	Erreichte Punkte
(1) strukturiert den eigenen Text schlüssig, gedanklich klar und auftragsbezogen.	2	
(2) formuliert unter Beachtung des Adressatenbezugs sowie der fachsprachlichen und fachmethodischen Anforderungen.	2	
(3) nimmt in eigenen Aussagen sachgerecht und für die geforderte Textsorte angemessen Bezug auf die Ausgangsmaterialien.	1	
(4) formuliert eigenständig, allgemeinsprachlich präzise und stilistisch angemessen.	2	
(5) schreibt sprachlich richtig (R, Z, G) und formal korrekt.	8	
Summe: Darstellungsleistung	**15**	
Gesamtsumme:	**60**	

1+	1	1-	2+	2	2-	3+	3	3-	4+	4	4-	5+	5	5-	6
60	57	54	51	48	45	42	39	36	33	30	27	24	21	18	15
59	56	53	50	47	44	41	38	35	32	29	26	23	20	17	...
58	55	52	49	46	43	40	37	34	31	28	25	22	19	16	

Gesamtnote:	
Daran kannst du noch arbeiten:	**Fehlerschwerpunkt vorhanden, bitte noch einmal wiederholen!**
(1) Aufbau einer Dramenanalyse (siehe Analyseschema)	
(2) Verfassen eines Einleitungssatzes (siehe Analyseschema)	
(3) Verfassen einer Deutungshypothese (siehe Analyseschema)	
(4) Untersuchung der sprachlichen Gestaltung einer Dramenszene (siehe Analyseschema)	
(5) Wiederholung des Unterschieds von „das“ und „dass“ (siehe Arbeitsblatt: Besonderheit bei den s-Lauten)	
(6) Wiederholung der Regeln der Groß- und Kleinschreibung. Achte dabei besonders auf: (siehe Deutschbuch, S. 363–364)	
(7) Wiederholung der Regeln der Zeichensetzung. Achte dabei besonders auf: (siehe Deutschbuch, S. 357–359)	

2.7 Zum Üben: Klassenarbeit 4

Deutscharbeit Nr. 5

In dem Jugenddrama „Das Herz eines Boxers" von Lutz Hübner aus dem Jahre 1996 geht es von Jojo, welcher seine Sozialstunden in einem Altenheim abarbeiten muss, und um Leo, einen ehemaligen Boxer der in diesem Altenheim lebt. In der folgenden Analyse wird die 1. Szene behandelt.
Vor der Szene begeht Jojo den Mofa-Diebstahl auf grund dessen er die Sozialstunden im Altenheim ~~ab~~ abarbeiten muss. Nach dieser Szene baut sich Stück für Stück eine innige Freundschaft zwischen Leo und Jojo auf. In der 1. Szene ist Jojo noch sehr unverschämt gegenüber Leo was sich aber im Laufe des Buchs noch ändert.

Es handelt sich um keinen richtigen Dialog da nur Jojo spricht. Jojo ist unverschämt und macht sich über Leo lustig, da er denkt das Leo nicht sprechen kann, Leo hingegen tut nur so. Dies tut er weil er nicht gestört werden will weil er in seiner Vergangenheit einen Pfleger geschlagen hatte und seitdem für verrückt gehalten wird. Die 1. Szene ist sehr wichtig für das Buch weil sie zeigt wie sich Leo und Jojo kennenlernen und auf ~~diesem Kapitel~~ dieser Szene baut dann der Rest des Buches auf.

Korrigieren Sie diese Arbeit und vergleichen Sie Ihr Ergebnis mit der Musterkorrektur auf der CD. Füllen Sie auch den Erwartungshorizont und die Lerntipps aus.

Im ersten Teil der Szene kommt Jojo in das Zimmer von Leo welcher auf einem Sessel sitzt. Jojo hat Farbe, ~~und eine eine~~ Folie ~~und~~ und Pinsel dabei. Er begrüßt Leo mit gestellter Fröhlichkeit und in frecher Art und Weise. Im ~~weiteren~~ Verlauf der Szene teilt Jojo, Leo mit das er hier seine Strafarbeit ableisten muss ~~und sich~~ sich für das Streichen des Raumes viel Zeit lassen will. Im mittleren ~~d~~ Teil der 1. Szene redet Jojo unentwickelt auf Leo ein. ~~Dabei~~ Dabei redet er frech und in Jugend-sprache. Im letzten Part soll ~~d~~ Leo, die Farbe hoch zu Jojo auf die Leiter reichen dabei tropft er jedoch auf Jojo's Füße. Die Szene endet mit empörten Worten von Jojo.

Das ganze Gespräch über befinden sich Leo und Jojo in ~~dem Zimmer~~ Leo's Zimmer im Altersheim, Leo und Jojo sind ~~auch~~ auch die einzigen Akteure in dieser Szene und auch im gesamten Buch. Jojo ist ein 16 jähriger Jugendlicher welcher seine Sozial-stunden im Altersheim ableisten muss und Leo ist ein ehemaliger Profi Boxer. Im weiteren Buch zeigt sich ~~der~~ Leo doch redet und sich dabei sehr gewählt ausdrückt, Jojo hin-gegen ~~sich das~~ das ganze Buch über in Jugendsprache redet. In der 1. Szene ist Jojo der einzigste der spricht denn Leo sitzt ~~nur~~ stumm in der Ecke. Jojo versucht das ganze Kapitel Leo zum reden oder mit frechen Witzen zum lachen zu bringen jedoch ohne Erfolg. Leo zeigt aber das er ihn versteht indem er am Ende der Szene Jojo's Bitte, ihm den Löwen zu geben, nachkommt. Die Regieanweisungen verschaffen einen kurzen Eindruck über die Charaktere an und regen das bildliche Denken des Lesers an zudem zeigen sie ~~was~~ der Charakter in der jeweiligen Situation macht. Die Regieanweisungen sind sehr wichtig um das Buch besser zu verstehen.

Zusammenfassend ist diese Szene sehr lustig da Jojo sich über Leo und das Altersheim lustig macht und die Szene ist in meinen Augen eine der wichtigsten des Buches weil sie zeigt wie schlecht das Verhältnis der beiden war und man sieht dann im weiteren Verlauf des Buchs wie sehr es sich bessert und wie sie zu Freunden werden. Das Drama ist eine Mischform aus Komödie und Tragödie da es einerseits lustig geschrieben ist und ein ~~gutes Ende hat~~ gutes Ende hat aber dennoch handelt es von den Schicksalen der beiden. Das heißt das Leo im Altersheim „gefangen" ist und Jojo Sozialstunden leisten muss. Meiner Meinung nach ist es ein lustiges und interessantes Drama welches

~~[illegible]~~ ich gern und *~~gespannt~~ gelesen habe.

* ~~[illegible]~~ mit Spannung

Inhaltliche Leistung Der Prüfling …	Erreich- bare Punkte	Erreichte Punkte
(1) verfasst einen treffenden Einleitungssatz zu Lutz Hübners Jugendtheaterstück „Das Herz eines Boxers“ und benennt dabei den Autor des Jugendtheaterstücks, den Titel, die Textsorte/Gattung, das Erscheinungsjahr/die Epoche und das Thema des gesamten Dramas	4	
(2) ordnet die zu analysierende Szene treffend und prägnant in den Dramenzusammenhang ein und stellt die Bedeutung der 1. Szene für das Drama/für den weiteren Verlauf des Dramas treffend heraus	5	
(3) verfasst eine treffende Deutungshypothese, die das Thema der Szene und ihre Funktion erläutert	6	
(4) verfasst eine treffende Inhaltsangabe, die den Inhalt der Szene chronologisch, inhaltlich treffend und gegliedert wiedergibt	6	
(5) analysiert und interpretiert die Szene nach dem Dreischritt These – Erläuterung – Beleg mit individueller Schwerpunktsetzung und untersucht z. B.: ■ die Ziele und Motive der Dialogpartner ■ die Gesprächssituation, den Gesprächsgegenstand und -verlauf, das Gesprächsverhalten, die Figuren und ihre Beziehung zueinander ■ die sprachlichen Besonderheiten in ihrer Funktion ■ die Regieanweisungen in ihrer Funktion	16 (3) (8) (3) (2)	
(6) verfasst einen treffenden Schlussteil einschließlich Reflexion der Analyse und fasst dabei die Ergebnisse samt Veri- oder Falsifizierung der Deutungshypothese zusammen. Stellt die Bedeutung der 1. Szene für das gesamte Drama noch einmal heraus und schließt die Bearbeitung mit einer Bewertung/eigenen Meinung ab	8	
(7) erfüllt ein weiteres aufgabenbezogenes Kriterium	(4)	
Summe: inhaltliche Leistung	**45**	

Darstellungsleistung Der Prüfling …	Erreich- bare Punkte	Erreichte Punkte
(1) strukturiert den eigenen Text schlüssig, gedanklich klar und auftragsbezogen.	2	
(2) formuliert unter Beachtung des Adressatenbezugs sowie der fachsprachlichen und fachmethodischen Anforderungen.	2	
(3) nimmt in eigenen Aussagen sachgerecht und für die geforderte Textsorte angemessen Bezug auf die Ausgangsmaterialien.	1	
(4) formuliert eigenständig, allgemeinsprachlich präzise und stilistisch angemessen.	2	
(5) schreibt sprachlich richtig (R, Z, G) und formal korrekt.	8	
Summe: Darstellungsleistung	**15**	
Gesamtsumme:	**60**	

1+	1	1-	2+	2	2-	3+	3	3-	4+	4	4-	5+	5	5-	6
60	57	54	51	48	45	42	39	36	33	30	27	24	21	18	15
59	56	53	50	47	44	41	38	35	32	29	26	23	20	17	...
58	55	52	49	46	43	40	37	34	31	28	25	22	19	16	

Gesamtnote:	
Daran kannst du noch arbeiten:	**Fehlerschwerpunkt vorhanden, bitte noch einmal wiederholen!**
(1) Aufbau einer Dramenanalyse (siehe Analyseschema)	
(2) Verfassen eines Einleitungssatzes (siehe Analyseschema)	
(3) Verfassen einer Deutungshypothese (siehe Analyseschema)	
(4) Untersuchung der sprachlichen Gestaltung einer Dramenszene (siehe Analyseschema)	
(5) Wiederholung des Unterschieds von „das“ und „dass“ (siehe Arbeitsblatt: Besonderheit bei den s-Lauten)	
(6) Wiederholung der Regeln der Groß- und Kleinschreibung. Achte dabei besonders auf: (siehe Deutschbuch, S. 363–364)	
(7) Wiederholung der Regeln der Zeichensetzung. Achte dabei besonders auf: (siehe Deutschbuch, S. 357–359)	

2.8 Zum Üben: Klassenarbeit 5

Klassenarbeit Nr. 5

Im dem Drama „Das Herz eines Boxers" von Lutz Hübner, welches 1996 veröffentlicht wurde, geht es um einen Jungen, namens Jojo, welcher in einem Altersheim Sozialstunden ~~machen~~ machen muss.

Vor der 1. Szene klaut Jojo ein Mofa und wird dabei von der Polizei verhaftet. Deswegen muss er die Sozialstunden in dem Altersheim machen.

Das Thema des Dialogs ist, dass Jojo Leo sagt das er einen neuen ~~Farb~~ Wandfarbe bekommt und Jojo erzählt weswegen er die Sozialstunden machen muss. Die Funktion der Szene ist, dass Leo erstmal nichts sagt um sich ein Bild von Jojo zu machen und Jojo sich ein Bild von Leo macht.

Im ersten Abschnitt der 1. Szene redet Jojo darüber, dass Leos Zimmer einen neuen ~~Ansch~~ Anstrich bekommt und das

Korrigieren Sie diese Arbeit und vergleichen Sie Ihr Ergebnis mit der Musterkorrektur auf der CD. Füllen Sie auch den Erwartungshorizont und die Lerntipps aus.

er das nicht freiwillig macht, sonder Sozialstunden ableistet.
Im 2. Abschnitt redet Jojo über seine Diebstahl und erklährt, dass er ein Mofa gestohlen hat und eine alte Dame ihn dabei erwischt hat. Im 3. Abschnitt redet Jojo darüber, dass er es bei Leo gemütlich findet und er redet darüber wie sein Opa gestorben ist. Dies erzählt er aber lustig und nicht traurig.

In der 1. Szene kommen nur Jojo und Leo vor, doch Leo sagt garnichts und Jojo redet die ganze Zeit. Das Gesprächsverhalten ist normal, doch Leo sagt nichts und Jojo redet in seiner Jugendsprache. Die Regieanweisungen sollen die Situation bildlicher für den Leser darstellen.

Die Darstellung der 1. Bedeutung der 1. Szene soll den anfang einer Freundschaft darstellen.

Meiner Meinung nach ist die 1. Szene bedeutend für das Buch, weil sie den Anfang einer besonderen Freundschaft zeigt.

Das Drama ist eine komödie, weil es mit Witz und Humor geschrieben worden ist und am Ende geht alles gut.

Inhaltliche Leistung **Der Prüfling ...**	**Erreich-bare Punkte**	**Erreichte Punkte**
(1) verfasst einen treffenden Einleitungssatz zu Lutz Hübners Jugendtheaterstück „Das Herz eines Boxers" und benennt dabei den Autor des Jugendtheaterstücks, den Titel, die Textsorte/Gattung, das Erscheinungsjahr/die Epoche und das Thema des gesamten Dramas	**4**	
(2) ordnet die zu analysierende Szene treffend und prägnant in den Dramenzusammenhang ein und stellt die Bedeutung der 1. Szene für das Drama/für den weiteren Verlauf des Dramas treffend heraus	**5**	
(3) verfasst eine treffende Deutungshypothese, die das Thema der Szene und ihre Funktion erläutert	**6**	
(4) verfasst eine treffende Inhaltsangabe, die den Inhalt der Szene chronologisch, inhaltlich treffend und gegliedert wiedergibt	**6**	
(5) analysiert und interpretiert die Szene nach dem Dreischritt These – Erläuterung – Beleg mit individueller Schwerpunktsetzung und untersucht z. B.: ■ die Ziele und Motive der Dialogpartner ■ die Gesprächssituation, den Gesprächsgegenstand und -verlauf, das Gesprächsverhalten, die Figuren und ihre Beziehung zueinander ■ die sprachlichen Besonderheiten in ihrer Funktion ■ die Regieanweisungen in ihrer Funktion	**16** **(3)** **(8)** **(3)** **(2)**	
(6) verfasst einen treffenden Schlussteil einschließlich Reflexion der Analyse und fasst dabei die Ergebnisse samt Veri- oder Falsifizierung der Deutungshypothese zusammen. Stellt die Bedeutung der 1. Szene für das gesamte Drama noch einmal heraus und schließt die Bearbeitung mit einer Bewertung/eigenen Meinung ab	**8**	
(7) erfüllt ein weiteres aufgabenbezogenes Kriterium	**(4)**	
Summe: inhaltliche Leistung	**45**	

Darstellungsleistung **Der Prüfling ...**	**Erreich-bare Punkte**	**Erreichte Punkte**
(1) strukturiert den eigenen Text schlüssig, gedanklich klar und auftragsbezogen.	**2**	
(2) formuliert unter Beachtung des Adressatenbezugs sowie der fachsprachlichen und fachmethodischen Anforderungen.	**2**	
(3) nimmt in eigenen Aussagen sachgerecht und für die geforderte Textsorte angemessen Bezug auf die Ausgangsmaterialien.	**1**	
(4) formuliert eigenständig, allgemeinsprachlich präzise und stilistisch angemessen.	**2**	
(5) schreibt sprachlich richtig (R, Z, G) und formal korrekt.	**8**	
Summe: Darstellungsleistung	**15**	
Gesamtsumme:	**60**	

1+	1	1-	2+	2	2-	3+	3	3-	4+	4	4-	5+	5	5-	6
60	57	54	51	48	45	42	39	36	33	30	27	24	21	18	15
59	56	53	50	47	44	41	38	35	32	29	26	23	20	17	...
58	55	52	49	46	43	40	37	34	31	28	25	22	19	16	

Gesamtnote:	
Daran kannst du noch arbeiten:	**Fehlerschwerpunkt vorhanden, bitte noch einmal wiederholen!**
(1) Aufbau einer Dramenanalyse (siehe Analyseschema)	
(2) Verfassen eines Einleitungssatzes (siehe Analyseschema)	
(3) Verfassen einer Deutungshypothese (siehe Analyseschema)	
(4) Untersuchung der sprachlichen Gestaltung einer Dramenszene (siehe Analyseschema)	
(5) Wiederholung des Unterschieds von „das“ und „dass“ (siehe Arbeitsblatt: Besonderheit bei den s-Lauten)	
(6) Wiederholung der Regeln der Groß- und Kleinschreibung. Achte dabei besonders auf: (siehe Deutschbuch, S. 363–364)	
(7) Wiederholung der Regeln der Zeichensetzung. Achte dabei besonders auf: (siehe Deutschbuch, S. 357–359)	

3 Oberstufe – Klasse 12

(Ansgar Hüls)

3.1 Kommentar zur Klassenarbeit „Dramenanalyse: Draußen vor der Tür"

Die Analyse dramatischer Texte ist obligatorisch in der Oberstufe und lässt sich am Beispiel des ausgewählten Szenenauszugs aus Wolfgang Borcherts bekanntem Nachkriegsdrama „Draußen vor der Tür" gut durchführen und prüfen. Der gewählte Klausurtext ist leicht verständlich und offenbart trotz des überschaubaren Umfangs eine erstaunliche Tiefe hinsichtlich sowohl der Handlungsentfaltung als auch der Charakterzeichnung. Beide können gleichermaßen aufgrund der nicht übermäßig komplexen Textbasis auch sehr valide abgefragt und bewertet werden. Dementsprechend zielt die erste Aufgabe auf die Untersuchung der genannten Aspekte ab. Die Charakterisierung der beiden Figuren wird hier implizit durch den Operator „analysieren" verlangt und ist den Schülern bei der Analyse von Dramenauszügen als verpflichtend bekannt.

Während die erste Aufgabenstellung also den für dramatische Texte grundlegenden Analysefokus setzt und die Anforderungsbereiche I und II abdeckt, ist die zweite Aufgabe etwas spezieller und der Reihenplanung – genauer: dem Kenntnisstand der Schüler zum Prüfungszeitpunkt – geschuldet: Im Unterricht haben die Schüler gemeinsam herausgearbeitet, weshalb die aristotelische Tragödientheorie bis heute die Verstehensgrundlage wesentlich jüngerer Dramentheorien und zeitgenössischer Theaterkritiken gleichermaßen ist. Diese Tatsache erstaunt umso mehr, als Tragödien in Reinform in der modernen Literatur höchst selten geworden sind. Nichtsdestotrotz ist die Poetik des antiken Denkers immer noch recht zuverlässig und fruchtbringend, will man tragische Elemente in Dramen näher beleuchten – das nötige Wissen um Aristoteles' Bezug zur klassischen griechischen Tragödie vorausgesetzt. Und ebendieses möglichst kritisch durchdrungene Schülerwissen wird in der zweiten Aufgabe mit Blick auf die nötige Abdeckung des Anforderungsbereiches III abgefragt. Für den Erwartungshorizont gilt, dass er verschiedene Lösungsmöglichkeiten und Denkansätze in sich vereint, die selbstverständlich weder genauso noch in diesem Umfang erfüllt werden müssen, um die Maximalpunktzahl zu erreichen. Einige inhaltliche Redundanzen sind beabsichtigt, um den Schülern eine größere Chance auf das Erzielen einer hohen Punktzahl einzuräumen.

Die Auswahl der Musterklausuren erfolgte nicht nach Leistung – etwa eine gute und eine schlechte Arbeit –, sondern es finden sich eher korrekturintensive Arbeiten, die dementsprechend nicht im oberen Leistungsbereich angesiedelt sind. Die Mehrheit des Kurses kam sehr gut mit dem hohen geforderten Niveau zurecht, sodass mit entsprechender Vorbereitung diese Klausur durchaus empfehlenswert ist.

3.2 Aufgabe mit Prüfungstext

Klausur 1, Klasse 12, LK Deutsch – Unterrichtsreihe Dramatik

Aufgabenstellung:

1. Analysieren Sie den vorliegenden Auszug aus Wolfgang Borcherts Drama „Draußen vor der Tür". (50 Punkte)
2. Nehmen Sie Stellung zur Bedeutung von Aristoteles' Tragödientheorie für das moderne Drama, indem Sie seine poetologischen Gedanken kritisch betrachten und mit Blick auf die tragischen Elemente (v. a. Handlung und Figuren) des vorliegenden Szenenauszugs beispielhaft bewerten. (22 Punkte)

Wichtige Hinweise:

- Lesen Sie die Ihnen vorliegenden Arbeitsmaterialien (inklusive dieser Aufgabenstellung) gründlich durch.
- Sie müssen bei jeder Aufgabe im Analyseteil den Textbezug in Form von Zitaten oder Verweisen herstellen.
- Achten Sie auf die Punkteverteilung.

Material-/Quellenangaben:

Wolfgang Borchert: Draußen vor der Tür (in: Borchert, Das Gesamtwerk. Rowohlt Verlag, Hamburg 1949, S. 157–159)
Christian Linder, Kalenderblatt vom 13. 02. 2017 – Vor 70 Jahren: Wolfgang Borcherts Drama „Draußen vor der Tür". Deutschlandradio Kultur, Berlin.

Einleitende Infobox zu „Draußen vor der Tür":

„Wo ist der Tod? Wo, wo ist denn der alte Mann, der sich Gott nennt? Wo seid ihr denn alle? Gebt doch Antwort. Warum gibt denn keiner eine Antwort?"
Mit diesem Schrei auf einem Marktplatz begann am 13. Februar 1947 die deutsche Nachkriegsliteratur. An jenem Tag sendete der damalige Nordwestdeutsche Rundfunk Hamburg erstmals Wolfgang Borcherts ursprünglich fürs Theater geschriebene Stück „Draußen vor der Tür" als Hörspiel. Borchert kehrte entstellt und entkräftet aus dem Krieg zurück. Hauptfigur ist ein gewisser Beckmann, ein Mann ohne Vornamen, als Soldat im Zweiten Weltkrieg psychisch verwüstet und körperlich ruiniert – wie Wolfgang Borchert selbst, der nach Kriegsende bei Rückkehr in seine Heimatstadt Hamburg durch die Erlebnisse an der russischen Front so entstellt aussah, dass seine Mutter bei der ersten Wiederbegegnung zutiefst erschrocken war: „Ich sah Wolfgang ankommen in alten Klamotten und am Stock, uralt, mit einer dunklen Brille, ich kannte ihn kaum wieder."
„Einer von denen, einer von denen, die nach Hause kommen und die dann doch nicht nach Hause kommen, weil für sie kein Zuhause mehr da ist, und ihr Zuhause ist dann draußen, vor der Tür."
Das Stück entsteht innerhalb von acht Tagen. Die Geschichte Beckmanns, der nach Kriegsende in der Trümmerlandschaft Hamburgs herumirrt und seinen Protest gegen Krieg und jede Formen von Willkür in die Welt herausschreit, auch um den Verantwortlichen für den Krieg ihre Verantwortung „zurückzugeben", hatte Borchert innerhalb von nur acht Tagen, im Januar 1947 geschrieben.

Textauszug „Draußen vor der Tür“ (aus der 3. Szene)

[…]

OBERST: Was wollen Sie denn von mir?

BECKMANN: Ich bringe sie Ihnen zurück.

OBERST: Wen?

BECKMANN *(beinah naiv)*: Die Verantwortung. Ich bringe Ihnen die Verantwortung Zurück. Haben Sie das ganz vergessen, Herr Oberst? Den 14. Februar? Bei Gorodok. Es waren 42 Grad Kälte. Da kamen Sie doch in unsere Stellung, Herr Oberst, und sagten: Unteroffizier Beckmann. Hier, habe ich geschrien. Dann sagten Sie, und Ihr Atem blieb an Ihrem Pelzkragen als Reif hängen – das weiß ich noch ganz genau, denn Sie hatten einen sehr schönen Pelzkragen – dann sagten Sie: Unteroffizier Beckmann, ich übergebe Ihnen die Verantwortung für die zwanzig Mann. Sie erkunden den Wald östlich Gorodok und machen nach Möglichkeit ein paar Gefangene, klar? Jawohl, Herr Oberst, habe ich da gesagt. Und dann sind wir losgezogen und haben erkundet. Und ich – ich hatte die Verantwortung. Dann haben wir die ganze Nacht erkundet, und dann wurde geschossen, und als wir wieder in der Stellung waren, da fehlten elf Mann. Und ich hatte die Verantwortung. Ja, das ist alles, Herr Oberst. Aber nun ist der Krieg aus, nun will ich pennen, nun gebe ich Ihnen die Verantwortung zurück, Herr Oberst, ich will sie nicht mehr, ich gebe sie Ihnen zurück, Herr Oberst.

OBERST: Aber mein lieber Beckmann, Sie erregen sich unnötig. So war das doch gar nicht gemeint.

BECKMANN *(ohne Erregung, aber ungeheuer ernsthaft)*: Doch. Doch, Herr Oberst, so muss das gemeint sein. Verantwortung ist doch nicht nur ein Wort, eine chemische Formel, nach der helles Menschenfleisch in dunkle Erde verwandelt wird. Man kann doch Menschen nicht für ein leeres Wort sterben lassen. Irgendwo müssen wir doch hin mit unserer Verantwortung. Die Toten – antworten nicht. Gott – antwortet nicht. Aber die Lebenden, die fragen. Die fragen jede Nacht, Herr Oberst. Wenn ich dann wach liege, dann kommen sie und fragen. Frauen, Herr Oberst, traurige, trauernde Frauen. Alte Frauen mit grauem Haar und harten rissigen Händen – junge Frauen mit einsamen sehnsüchtigen Augen, Kinder, Herr Oberst.

Kinder, viele kleine Kinder. Und die flüstern dann aus der Dunkelheit: Unteroffizier Beckmann, wo ist mein Vater, Unteroffizier Beckmann? Unteroffizier Beckmann, wo haben Sie meinen Mann? Unteroffizier Beckmann, wo ist mein Sohn, wo ist mein Bruder, Unteroffizier Beckmann, wo ist mein Verlobter, Unteroffizier Beckmann? Unteroffizier Beckmann, wo? wo? wo? So flüstern sie, bis es hell wird. Es sind nur elf Frauen, Herr Oberst, bei mir sind es nur elf. Wieviel sind es bei Ihnen, Herr Oberst? Tausend? Zweitausend?

Schlafen Sie gut, Herr Oberst? Dann macht es Ihnen wohl nichts aus, wenn ich Ihnen zu den zweitausend noch die Verantwortung für meine elf dazugebe. Können Sie schlafen, Herr Oberst? Mit zweitausend nächtlichen Gespenstern? Können Sie überhaupt leben, Herr Oberst, können Sie eine Minute leben, ohne zu schreien? Herr Oberst, Herr Oberst, schlafen Sie nachts gut? Ja? Dann macht es Ihnen nichts aus, dann kann ich ja wohl nun endlich pennen – wenn Sie so nett sind und sie wieder zurücknehmen, die Verantwortung. Dann kann ich wohl endlich in aller Seelenruhe pennen. Seelenruhe, das war es, ja, Seelenruhe, Herr Oberst!

Und dann: schlafen! Mein Gott!

OBERST *(ihm bleibt doch die Luft weg. Aber dann lacht er seine Beklemmung fort, aber nicht gehässig, eher jovial und raubeinig, gutmütig, sagt sehr unsicher)*: Junger Mann, junger Mann! Ich weiß nicht recht, ich weiß nicht recht. Sind Sie nun ein heimlicher Pazifist, wie? So ein bisschen destruktiv, ja? Aber – *(er lacht zuerst verlegen, dann aber siegt sein gesundes Preußentum, und er lacht aus voller Kehle)* mein Lieber, mein Lieber! Ich glaube beinahe, Sie sind ein kleiner Schelm, wie? Hab ich Recht? Na? Sehen Sie, Sie sind ein Schelm, was? *(Er lacht)* Köstlich, Mann, ganz köstlich! Sie haben wirklich den Bogen raus! Nein, dieser abgründige Humor! Wissen Sie *(von seinem Gelächter unterbrochen)*, wissen Sie, mit dem Zeug, mit der Nummer können Sie so auf die Bühne! So auf die Bühne! *(Der Oberst will Beckmann nicht verletzen, aber er ist so gesund und so sehr naiv und alter Soldat, dass er Beckmanns Traum nur als Witz begreift.)*

[…]

3.3 Erwartungshorizont

Klausur 1, Klasse 12, LK Deutsch – Unterrichtsreihe Dramatik
Dramenanalyse am Beispiel von Borcherts „Draußen vor der Tür"
Name des Prüflings: ________________________________

	Aufgabe 1 **Untersuchungsaspekte (mit möglicher Lösung)**	**Erreich-bare Punkte**	**Erreichte Punkte**
1	Einleitung mit Autor, Titel, Veröffentlichungsdatum (1947), Textsorte (Dramenauszug), Epochenzuordnung (mit Kurzbegründung: expressive, teils dem Expressionismus anverwandte Gestaltungsform; thematisch: Nachkriegsliteratur [ggf. an anderer Stelle innerhalb der Klausur erläutert.])	**3**	
2	Thema/Deutungshypothese (Die Schuldfrage der an Kriegshandlungen beteiligten Soldatengeneration, die nach Kriegsende von Schuldgefühlen verfolgt wird und im Angesicht amoralischer und realitätsverweigernder Verantwortlicher verzweifelt, wird am Beispiel des Soldaten Beckmann gezeigt. Oder konkreter: Es handelt sich bei Beckmann um einen psychisch labilen, entwurzelten Charakter, der die ihm übertragene Verantwortung über einen Spähtrupp kurz nach Kriegsende an seinen ehemaligen Kommandeur zurückgeben will, um zu innerem Frieden zu gelangen.)	**10**	
3	Einordnung in den Dramenzusammenhang (nicht gefordert, da unbekanntes Drama; plausible Einordnungsmöglichkeiten werden bepunktet)	**2**	
4	**Dialoganalyse:** **Gesprächsgegenstand** (ist die Frage nach der Existenz und Form der Verantwortung Beckmanns und des Obersts am Tod eines Spähtrupps, die Beckmann dem Oberst wieder zurückgeben will). **Gesprächsverlauf** (Beckmann eröffnet dem Oberst, dass er die ihm in Form eines Befehls übertragene Verantwortung für den Spähtrupp – und zugleich für den Tod mehrerer Soldaten – zurückzugeben gewillt ist. Dazu referiert er die Vorkommnisse an jenem Tag des Zweiten Weltkriegs nahe Gorodok. Ausführlich schildert Beckmann den Empfang, die Ausführung und die Folgen des Befehls: Elf Menschen sterben unter seinem Kommando. Der Oberst versucht zu beschwichtigen, doch Beckmann lässt sich von seinem Ansinnen nicht abbringen. Er berichtet von den Auswirkungen dieser Schuld, die er auf sich geladen hat: Er imaginiert die Angehörigen der Toten, die ihn in seinen Alpträumen heimsuchen. In einer Reihe von Fragen testet er das Gewissen des Obersts. Dieser bleibt jedoch recht unbeeindruckt und wischt die – indirekt formulierten – Vorwürfe beiseite. Er hat das letzte Wort und wirft Beckmann schwarzen Humor vor. Dies ist Teil der kommunikativen Verschleierungsstrategie des Obersts.)		

	Aufgabe 1 **Untersuchungsaspekte (mit möglicher Lösung)**	**Erreich-bare Punkte**	**Erreichte Punkte**
	Gesprächsart (Es ist im weitesten Sinne ein Entscheidungsdialog, der jedoch vom Oberst durchkreuzt wird, indem er das Anliegen Beckmanns ins Lächerliche zu ziehen versucht und das Gespräch als Inszenierung abtut.) **Gesprächsverhalten** (Beckmann will sein Gewissen erleichtern, schwenkt dazu um in Vorwürfe und in Angriffe, die der Oberst nicht einzuordnen weiß. Im Gegenzug sucht er einerseits Beckmann zu beschwichtigen und tut ihn andererseits als nicht ernst zu nehmenden Komiker ab. Der Oberst ist grundsätzlich in der Defensive, wie sich auch am Redeanteil ablesen lässt, gewinnt gegen Ende aber die Oberhand, indem er Beckmann ins Leere laufen lässt.) **Gesprächsstörung** (Auf der Sachebene versteht der Oberst seinen Unteroffizier sehr genau, die Störung vollzieht sich auf der Gefühlsebene: Während Beckmann von seinem Gewissen gequält wird, flüchtet sich der Oberst in Formen der Realitätsverweigerung und interpretiert Beckmanns Vorwürfe als schwarzen Humor.) **Motive und Konflikte:** **Beckmanns** Motivation ist die Erleichterung seines Gewissens, indem er die einst übertragene Verantwortung für die Soldaten (und damit die Schuld an ihrem Tod) abzugeben versucht. Die Strategie, mit der er dieses Ziel erreichen will, ist die verbale Konfrontation. **Der Oberst** in seiner zunächst passiven Rolle verfolgt die Absicht, den Angriff auf seine berufliche und private Integrität abzuwehren, und zieht später die Vorwürfe ins Lächerliche.	**20**	
5	**Charakterisierung der Protagonisten:** **Beckmann** (Es handelt sich ganz offenbar um einen Menschen, der mit seiner Schuld nicht mehr leben kann. Wie gut- oder bösartig er war und ist, lässt sich nur schwer feststellen. Möglicherweise hat er sich im Krieg nicht viel aus seiner Schuld gemacht. Mit Blick auf sein Verhalten in der vorliegenden Szene ist aber wahrscheinlicher, dass er auch bereits im Krieg ein aufrichtiger Mensch gewesen ist, der Befehle ausgeführt hat und nun an der Schuld zerbricht. Er gehört damit zu den niederrangigen Befehlsempfängern, die, unter Berücksichtigung der militärischen Befehlskette, im Verhältnis eher wenig Schuld auf sich geladen haben. Aufgrund der Regieanweisungen wird deutlich, dass Beckmann kein impulsiver oder rachsüchtiger Charakter ist, sondern mit offenen Karten spielt und die Verantwortung/die Schuld auf den Oberst zu übertragen sucht.)		

	Aufgabe 1 Untersuchungsaspekte (mit möglicher Lösung)	Erreich-bare Punkte	Erreichte Punkte
	Oberst (Beckmanns Gegenspieler in diesem Szenenauszug ist ein weitgehend gewissenloser Oberst, der als Befehlsgeber in der Militärhierarchie recht weit oben stand. Der Befehl, „ein paar Gefangene" (Z. 12) zu machen, wirkt ziellos und unverantwortlich. Dennoch plagen ihn augenscheinlich keine Gewissensbisse. Im Gegenteil: Er versteht die Aufregung nicht, verweist auf die Handlungsnotwendigkeiten in der Kriegssituation und versucht Beckmann zu beschwichtigen. Die Interpretation von Beckmanns existenziellem Anliegen als bösem Witz lässt Rückschlüsse auf sein eigenes Wesen zu: Sarkastisch und gewissenlos verdrängt der Ältere Schuld und Verantwortung. Es wird deutlich, dass der Oberst als Befehlsgeber nicht so dicht am Geschehen gewesen ist wie der ausführende Soldat. Dementsprechend ist die Distanz zu den Gräueltaten hinter der kühlen Maske des pflichterfüllenden „gesunde[n] Preußentum[s]" (Z. 49) größer als bei Beckmann.) **Kurze Sprachuntersuchung** (als Teil der Charakterisierung): **Beckmann** (einfacher, sehr direkter, expressiver und weitgehend parataktischer Sprachstil, s. Z. 5 ff. Wirkung: Ehrlichkeit, Offenheit, Direktheit.) **Der Oberst** (versucht mit jovialen Schmeicheleien und dem Gebrauch von Fremdwörtern [Wirkung:] Beckmann zu verunsichern, zu demontieren, s. Z. 47 ff.)	9	
6	**Figurenkonstellation** (Beckmann befindet sich – nach wie vor – in einem Abhängigkeitsverhältnis, da das zur Diskussion stehende belastende Kapitel aus seiner Vergangenheit für ihn noch nicht abgeschlossen ist. Aufgrund der schweren Vorwürfe, die Beckmann als Schuldiger und Richter zugleich vorbringt, befindet sich der Oberst zunächst in der schlechteren Position. Gegen die Verteidigungsstrategie des Obersts ist Beckmann jedoch machtlos.)	3	
7	**Titel-Text-Relation** („Draußen vor der Tür" verweist auf ein zielloses Vagabundieren in dem Wertvakuum nach Kriegsende und auf das Verlorensein des Individuums in der Nachkriegsgesellschaft.)	1	
8	**Schluss** (Zusammenfassung der wichtigsten Untersuchungsaspekte. Rückbezug zu Themeneingrenzung/Deutungshypothese.)	2	
9	Zusatzpunkte für nicht angegebene themenrelevante Erkenntnisse	(4)	
	Punkte Teil 1	**50**	

	Aufgabe 2 Untersuchungsaspekte (mit möglicher Lösung)	Erreichbare Punkte	Erreichte Punkte
11	Überleitung	**2**	
12	Der Prüfling stellt auf der Basis seines Unterrichtswissens in Grundzügen dar, dass ■ sich die aristotelische Tragödientheorie aus dem 4. Jh. v. Chr. auf die (klassische) Tragödie bezieht. ■ sich das moderne Drama (hier: des 20. Jahrhunderts) weder an klassische Gattungseinteilungen hält noch an die präskriptive Poetologie des Aristoteles. ■ dennoch Aristoteles' Poetologie durchaus als Folie für die Untersuchung tragischer Elemente – gleich welcher dramatischen Form – dienen kann. ■ der vorliegende Dramenauszug nicht einer reinen Tragödie entnommen sein kann, Handlung sowie Dramatis Personae jedoch in Teilen durchaus tragisch bzw. tragödienhaft anmuten (s. Z. 13).	**8**	
13	Der Prüfling bringt sein Wissen zu den Forderungen der aristotelischen Tragödientheorie an und zeigt gewisse Überschneidungen auf (z. B. aristotelische Mimesis-Formel, die hier im Sinne einer naturnahen Nachahmung von handelnden Menschen erfüllt ist: Beckmann und der Oberst werden in ihrer charakterlichen Disposition und in ihren Handlungen im weitesten Sinne „natürlich", zumindest nachvollziehbar gezeichnet. Die Tragik des Kriegsgeschehens sowie die Situation des traumatisierten Protagonisten Beckmann können so etwas wie phóbos und éleos beim Zuschauer aufkeimen lassen.) Der Prüfling zeigt die Hauptunterschiede zu einigen zentralen Merkmalen der klassischen Tragödie auf (Form und Sprache, Dramenaufbau, Ständeklausel etc.) und bewertet auf der Grundlage seiner Kenntnisse vom modernen Drama die Grenzen der aristotelischen Forderungen. (**Historisch:** Die pluralistischen Lebensbedingungen und Erfahrungswelten der Moderne (als Folge gesellschaftlicher Umwälzungen, der fortschreitenden Industrialisierung und der Vernichtungskriege) sind derart radikal, dass die Forderungen an das moderne Dramenpersonal, den Handlungsgang und -ausgang ebenso radikal ausfallen. **Literarhistorisch:** Dramatische Mischformen und avantgardistische Gestaltungsmuster (bis ins Groteske und Absurde) verdrängen (längst) die klar geordneten Verhältnisse klassischer dramatischer Gattungsmuster und -einteilungen. **Ästhetisch:** Auch formal und sprachlich trägt das moderne Drama den veränderten pluralen, z.T. fragmentierten Lebenserfahrungen Rechnung.)	**10**	
14	Im Schlussteil überführt der Prüfling seine Untersuchungen in ein plausibles Urteil.	**2**	

	Aufgabe 2 Untersuchungsaspekte (mit möglicher Lösung)	Erreich-bare Punkte	Erreichte Punkte
15	Zusatzpunkte für nicht angegebene themenrelevante Erkenntnisse	(3)	
	Punkte Teil 2	**22**	

	Gesamtpunkte beider Aufgabenteile (50 + 22)	**72**	

	Darstellungsleistung: formale und sprachliche Aspekte der Textgestaltung (gem. Standardsicherung NRW)		
A	**Der Prüfling ...** **strukturiert seinen Text kohärent, schlüssig, stringent und gedanklich klar:** ■ angemessene Gewichtung der Teilaufgaben in der Durchführung, ■ gegliederte und angemessen gewichtete Anlage der Arbeit, ■ schlüssige Verbindung der einzelnen Arbeitsschritte, ■ schlüssige gedankliche Verknüpfung von Sätzen.	6	
B	**formuliert unter Beachtung der fachsprachlichen und fachmethodischen Anforderungen:** ■ Trennung von Handlungs- und Metaebene, ■ begründeter Bezug von beschreibenden, deutenden und wertenden Aussagen, ■ Verwendung von Fachtermini in sinnvollem Zusammenhang, ■ Beachtung der Tempora, ■ korrekte Redewiedergabe (Modalität).	6	
C	**belegt Aussagen durch angemessenes und korrektes Zitieren:** ■ sinnvoller Gebrauch von vollständigen oder gekürzten Zitaten in begründender Funktion.	3	
D	**drückt sich allgemeinsprachlich präzise, stilistisch sicher und begrifflich differenziert aus:** ■ sachlich-distanzierte Schreibweise, ■ Schriftsprachlichkeit, ■ begrifflich abstrakte Ausdrucksfähigkeit.	5	
E	**formuliert lexikalisch und syntaktisch sicher, variabel und komplex (und zugleich klar).**	5	
F	**schreibt sprachlich richtig.**	3	
	Punkte Darstellungsleistung	**28**	

	Notenabzug wegen gravierender sprachlicher Mängel	JA	NEIN
	Gesamtpunktzahl	**100**	
	Daraus resultierende Endnote: (nach Vorgabe des Schulministeriums NRW; Punktliste anhängend)		

Datum: ______________________ Paraphe: ______________________

☐ Bitte kommen Sie zur individuellen Nachbesprechung in der Folgestunde zu mir.

☐ Bitte beachten Sie die Hinweise auf der Tipp-Seite.

Note	Note in Punkten	Erreichte Punktzahl in dieser Klausur
sehr gut plus	15	100 – 95
sehr gut	14	94 – 90
sehr gut minus	13	89 – 85
gut plus	12	84 – 80
gut	11	79 – 75
gut minus	10	74 – 70
befriedigend plus	9	69 – 65
befriedigend	8	64 – 60
befriedigend minus	7	59 – 55
ausreichend plus	6	54 – 50
ausreichend	5	49 – 45
ausreichend minus	4	44 – 40
mangelhaft plus	3	39 – 33
mangelhaft	2	32 – 27
mangelhaft minus	1	26 – 20
ungenügend	0	19 – 0

3.4 Lernzettel mit Hilfen für die Schüler

Tipp-Seite

Nur die angekreuzten Aspekte sollten Sie sich ansehen:

Bereich	Weiterführende Hilfe
☐ Vertiefen Sie Ihre Analysefähigkeiten im Bereich Dramenanalyse mit dem Schwerpunkt:	Buch TTS: S. 169 ff., S. 560 ff. Reader *Dramenanalyse:* S. 12 ff.
☐ Üben Sie die Figurenanalyse.	Reader *Dramenanalyse:* S. 19 ff.
☐ Konzentrieren Sie sich auf das Einüben von Epochenwissen.	TTS: S. 382 ff. www.learnattack.de/journal/deutsche-literaturepochen/
☐ Vertiefen Sie Ihre Fähigkeiten im Bereich Themeneingrenzung.	Reader *Dramenanalyse:* S. 22
☐ Verstärken Sie Ihre Kompetenz im Bereich Stil und Ausdruck.	TTS: S. 611 ff. www.lehrerfreund.de/schule/1s/haeufige-fehler-aufsatz-arbeitsblatt/4059
☐ Arbeiten Sie vertiefend grundlegende Satzbaukenntnisse nach.	www.mittelschulvorbereitung.ch/index.php?actualid=19&which_set=4
☐ Achten Sie verstärkt auf korrekte Rechtschreibung.	Reader *Grammatik:* S. 18 ff.
☐ Vertiefen Sie Ihre Kenntnisse im Bereich Zeichensetzung.	Reader *Grammatik:* S. 9 ff.

3.5 Bewertungsbeispiel: Klassenarbeit 1

1. Klausur

LK Deutsch

Schüler A

Aufgabe I

besser: ist … entnommen — Der vorliegende Dramenauszug stammt aus der dritten Szene
des Stückes „Draußen vor der Tür" von Wolfgang Borchert, ei-
Bz. — nem Schriftsteller der deutschen Nachkriegsliteratur, welcher dieses
f: 1947 (s. Jufobox) — 1949, nach dem Zweiten Weltkrieg, verfasst hat. *
(ausragen) — Zu Beginn des Szenenausschnittes erläutert Beckmann, ein Soldat,
seinem Oberst, wie dieser ihm während der Kriegszeit die Verant-
A (für…) — wortung über 20 Menschen, bzw. Soldaten, gegeben ~~hatte~~ habe
R (besser: neun) — und diese unter seiner Verantwortung bis auf 9 Mann umgekommen
A R — seien (vgl. Z. 1-16). Weiter fährt er fort, dass er eben diese Verantwortung
nun dem Oberst zurückgeben wolle, da der Krieg nun vorbei sei und
M unklar formuliert — die Verantwortung nicht nur eine Floskel ~~sei~~ wäre (vgl. Z. 16-23).
A (Als Resultat…) A (wegen) R + Gen. — Aufbauend darauf bekennt er nach dieser Aussage, dass ihm durch
sein quälendes Gewissen alptraumhaft die Angehörigen der toten
M Bz. unklar — Soldaten im Schlaf heimsuchen würden und der Oberst dessen Ver-
A — antwortung doch auch übernehmen könne, damit Beckmann wieder
R — in Ruhe schlafen könn[t]e (vgl. Z. 24-44). Von dieser Aussage erschrocken
reagiert der Oberst, indem er Beckmanns Humor lobt und sagt, er solle
Komödiant werden (vgl. Z. 45-55).

Inhaltswiedergabe nicht ganz lückenlos.

→

A (eines jeden) — * In dem Ausschnitt geht es um die Verantwortung jeder einzelnen
Bz. unklar | und Tod | Sb unklar — Person, welche über Leben entscheidet während des Krieges und ~~wie~~
ob diese Schuld am Tode anderer dem Nächsthöherstehenden ge-
geben werden kann.

Themeneingrenzung nicht trennscharf genug.

I von V

Gesprochen wird in dem Dramenauszug überwiegend über Kriegserinnerungen und „Verantwortung" (Z. 5, Z. 11, Z. 22 [etc.]). Beckmann vertritt hierbei die Position, dass sein Anteil an Verantwortung und Schuld im Bezug auf Kriegstote nach dem Krieg auch von ihm gewiesen werden kann (vgl. Z. 16-17: „Aber nun ist der Krieg aus (...), nun gebe ich ihnen die Verantwortung zurück"), da sein Oberst ihm diese im Dienste erteilt habe (vgl. Z. 6: „14. Februar? Bei Gorodok."). Seine Absicht ist, sich von den quälenden Alpträumen zu befreien, die ihn in Form der Hinterbliebenen heimsuchen (vgl. Z. 26: „Die Lebenden, die fragen. Die fragen jede Nacht."). Der Oberst bezieht zu dem Kernthema keine Position, sondern amüsiert sich über Beckmanns Aussagen (vgl. Z. 51: „Köstlich.", Z. 52: „Nein, dieser abgründige Humor!"), mit der Absicht, sich nicht zu dem Thema äußern zu müssen. Beckmann versucht durch Argumentieren, sich von seiner Verantwortung zu befreien, indem er dem ~~Hauptmann~~ Oberst sagt, dass dieser ohnehin schon viel Verantwortung tragen müsse (vgl. Z. 35: „Wieviel sind es bei Ihnen, Herr Oberst?") und es deshalb kaum Gewicht hätte, wenn Beckmann ihm „zu den 2000 noch die Verantwortung für meine elf dazugebe" (Z. 36-37). Der Oberst weicht aus, indem er „aus voller Kehle" (Z. 49) lacht und knappe, aber viele, inhaltslose Fragen stellt (vgl. Z. 45-51), er möchte nicht auf Beckmanns Thematik eingehen. Der Auszug beginnt damit, dass der Oberst Beckmann nach seinem Anliegen fragt (vgl. Z. 1: „Was wollen Sie denn von mir?") und endet damit, dass er heiter-vergnügt über Beckmanns inneren Konflikt lacht, weil er ihn „nur als Witz begreift" (Z. 55). Beckmanns innerer Konflikt, seine Gewissensbisse, sind es auch, ~~wer~~ welche das ~~X~~ Gespräch prägen, da

II. von V

das Thema — vgl. — [-]

A bezüglich — der zu beklagenden ~ -n

J das sagt er nicht — A Passivkonstruktion hier nicht hilfreich

Z [...] — R

Z Bz. unklar

Z Zitat nicht zielführend

gut — [-] — der Kriegstoten

[-] — Zitieren nochmal einüben

Der Oberst verfolgt noch andere Ziele (s. EH, 4u.)

J — Diese rhetorische Frage dient der Untermauerung v. Bs Anliegen

M

gut — Bz. ([S]eine)

Z (.)

A (Fragen, Argumentation)

[-]

gut

Bz. unklar

G — Den Konflikt etwas besser konturieren! (Wie äußert er sich? Worin wurzelt er? ...)

Randkorrektur	Text
R A (die Floskeln des…) gut	es sein direktes Verhalten auf des Oberst' Floskeln bestimmt
Z II […]	(vgl. Z. 19-21: „So war das (...) nicht gemeint." (...) „Doch."). Einen
A	Wendepunkt gibt es in Zeile 45, als dem Oberst erst die Luft weg-
(ebd.)	bleibt, er dann jedoch seine „Beklemmung" weglacht und entspannt
	reagiert. Ein Gesprächsergebnis gibt es demnach nicht, weil der
A (ihm Beckmanns)	Oberst Beckmann seine Fragen nicht beantwortet und auch geistig
unklar formuliert	keine Erkenntnis erhält (vgl. Z. 55 „sehr naiv"). Die Gesprächs-
A (Schuldbekenntnis)	art ~~ist~~ des Dialoges ist sowohl ein Bekenntnis Beckmanns (vgl.
Z sehr gut	Z. 26-34) seiner Schuld, als aber auch Anschuldigungen und
finden sich [–]	Unterstellungen gegen den Oberst und seine Verantwortung
	(vgl. Z. 21-25, Z. 35-45). In dem Auszug hat Beckmann ganz klar
Sb	den höheren Redeanteil, auch ist er superior dem Oberst ge-
R f (moralisch aufrichtiger)	genüber, da er dem Thema Verantwortung intelektueller gegen-
A	übersteht und die Anschuldigungen äußert. Ein Missverständ-
	nis zwischen den Beteiligten liegt nicht vor, da der Oberst sich
	durchaus „beklemmt" (vgl. Z. 45) fühlt, er versucht jedoch,
sehr gut	Beckmann mit seinem aufgesetzten Humor zu täuschen, um
W (Schuldeingeständnisse) beobachtet	keine Schuldgeständnisse machen zu müssen, sowohl
Z	Beckmann, als auch sich selbst gegenüber. Ob er durchschaut
	wird, bleibt in dem Auszug offen.
A	Die Figuren, die in die Handlung eingebunden sind, sind Beckmann
W (der) T	und sein Oberst. Beckmann ist ein Soldat im Zweiten Welt-
	krieg gewesen und „körperlich ruiniert" (vgl. Infobox), auch wenn er ein „jun-
	ger Mann" (Z. 46) ist. Er hat keinen besonders hohen Rang, so-
gut Z	wohl gesellschaftlich, als auch im Militär. Vor dem Krieg war er
Hinweis: Er ist der Gesinnung nach Preuße	ein Mann der Bürgerschicht. Der Oberst ist Preuße (vgl. Z. 49:
RZ	„gesundes Preussentum) und ein „gesunder, (...) alter ~~Mann~~ Soldat"
f (Verallgemeinerung nicht statthaft)	(Z. 54-55). Er trägt gerne Pelzkragen und hat in der Gesellschaft
Woher wissen Sie das?	auch einen eher bescheidenen Rang. Aufgrund seines Ranges steht
Sie verwechseln ehemaliges mit derzeitigem Verhältnis.	er jedoch über Beckmann, dieser ist sein „Unteroffizier" (Z. 10).

III von V

Text	Korrektur
Beckmanns Denkweise ist von seinem inneren Konflikt, der	
quälenden Verantwortung am Tode von Menschen geprägt, wes-	A (für den Tod)
halb er dieser Thematik ziemlich bedacht gegenübersteht.	A (nachdenklich)
(vgl. Z. 22: „So muss das gemeint sein. Verantwortung ist	[–] s.o. Z
doch nicht nur ein Wort."). Die Denkweise des Oberst hin-	Wdh.
gegen ist trotz seines Alters „naiv" (Z. 55), er verdrängt	
tiefgründige Fragen. Beckmann ist derart von seinem	✓ gute Schlussfolgerung
Verantwortungsgefühl geprägt, dass er keine „Seelen-	R
ruhe" (Z. 43) findet, während der Oberst, welcher auch	
länger bedienstet ist (vgl. Z. 55: „alter Soldat"), von	[–] s.o. A (im Dienst ist)
„gesunder" (vgl. Z. 49, Z. 54) Grundeinstellung ist	A (eine gesunde ... hat)
und sich nicht mit solchen Themen befasst.	ungenau
Beckmann hat für seine Handlung in der Szene	A (hegt ... die Absicht)
die Absicht, sich von seinem schlechten Gewissen	
zu befreien, indem er sich zum Einen über sein	R
Erlebtes ausspricht (vgl. Z. 11: „Verantwortung für	Sb [–] s.o.
die 20 Mann"), zum Anderen, indem er versucht, sie	und R (s.o.) Bz
wortwörtlich zurückzugeben (vgl. Z. 17-18). Der Haupt-	Sb J (Oberst)
mann hat die Absicht, auf das Thema Verantwortung	
nicht einzugehen ~~zu müssen~~ und sie nicht aufnehmen zu müssen, indem er „lacht" (Z. 45) und	besser: und durch rhetorische Fragen ausweicht; R; W („nicht zu übernehmen")
sich von seiner „Beklemmung" (Z. 45) befreit, um durch	
rhetorische Fragen auszuweichen (vgl. Z. 50: „(...) wie?	[–] s.o. Z
Hab ich Recht? Na?"). Das Drama, welches in der deutschen	
Nachkriegsliteratur verfasst wurde, behandelt ein Thema	FS (Nachkriegszeit)
(Verantwortung), welches einen Großteil der Menschen zu	
dieser Zeit beschäftigte – Die Soldaten, die Angehörigen,	✓ T (Prät.) Z (:) R (die)
aber auch jene, welche sich nicht verantwortlich fühlen wollen	hier Präsens! ist besser!
und können.	✓
Der Dialog ist sowohl ein Enthüllungsdialog, da Beck-	✓ gelungene historische Einordnung
mann seine Träume verrät, aber auch eine Entscheidungs-	A (sowohl ... als auch)

IV von V

Oberstufe – Klasse 12

suche, da zur Frage steht, wer der Beteiligten den Anteil an Verantwortung tragen soll. Der Sprachstil der Figuren ist Alltagssprache und in einem sich gegenseitig akzeptierenden Ton. ~~Abschließend,~~ Eine direkte Titel-Text-Relation besteht nicht, der Titel könnte jedoch eine Metapher dafür sein, dass das Erlebte während des Krieges im Nachhinein außerhalb, weit weg geschehen ist und nun von dem Fokus entrückt wird. Abschließend, alle Analysepunkte betrachtend, lässt sich sagen, dass Borchert das Thema gut angesprochen und eingebracht hat.

Korrekturen: welchen (A) – A (die Frage aufkommt) – ungenau formuliert – A (in Alltagssprache gehalten) – SB ungenau – (vgl. Erwartungshorizont Nr. 7) – A (dem Fokus entrückt ist) – SB – keine Begründung, kein Fazit, kein Ausblick! – nennen! – Überleitung fehlt

[2] Aristoteles Katharsisformel ist auch in dem vorliegenden Dramenauszug erkennbar. Durch das lebhafte Schildern seiner Alpträume (vgl. Z. 26-35) schafft Borchert, durch Beckmann, innere Bilder von Kriegselend, Verlust und Leid zu erzeugen, welche ein Schaudern (photos) hervorrufen. Auch die darauffolgende Reaktion des Oberst löst ein Jammern (eleos) aus, da seine Reaktion zeigt, wie tragisch einfach sich schlimme Dinge und Taten verdrängen lassen. Die Reinigung könnte sofern erfolgen, dass der Zuschauer sich in seinem friedlichen Umfeld noch geborgener fühlt und seine Probleme als bedeutungslos betrachtet. Meiner Meinung nach ist Katharsis grundsätzlich möglich, nämlich dann, wenn ein Drama die Vorstellungskraft des Zuschauers auf sich selbst beflügelt und unbewusst wirkt. Heutzutage ist sie nicht mehr nötig, da sich „Ventile" auch durch andere Medien und Unterhaltungsmöglichkeiten gebildet haben, früher jedoch galt Theater als einzige Möglichkeit hierfür.

Korrekturen: R – Bz – Z – Fragestellung nicht aufgegriffen. Fokus auf Katharsisformel nicht zielführend – gut – R – G – Wdh. – ungenau – A insofern, als – sehr vereinfachend dargestellt – unklar formuliert – Bz. unklar – recht gute geschichtliche Einordnung der Bedeutung des Theaters.

Leider haben Sie zu wenig Zeit für die Bearbeitung von Aufg. 2 eingeplant. (→ „Hilfe Zeitmanagement")

s. EH für Lösung von Aufg. 2

V

Oberstufe – Klasse 12

	Aufgabe 1 Untersuchungsaspekte (mit möglicher Lösung)	Erreich-bare Punkte	Erreichte Punkte
1	Einleitung mit Autor, Titel, Veröffentlichungsdatum (1947), Textsorte (Dramenauszug), Epochenzuordnung (mit Kurzbegründung: expressive, teils dem Expressionismus anverwandte Gestaltungsform; thematisch: Nachkriegsliteratur [ggf. an anderer Stelle innerhalb der Klausur erläutert.])	3	√ (√) 1
2	Thema/Deutungshypothese (Die Schuldfrage der an Kriegshandlungen beteiligten Soldatengeneration, die nach Kriegsende von Schuldgefühlen verfolgt wird und im Angesicht amoralischer und realitätsverweigernder Verantwortlicher verzweifelt, wird am Beispiel des Soldaten Beckmann gezeigt. Oder konkreter: Es handelt sich bei Beckmann um einen psychisch labilen, entwurzelten Charakter, der die ihm übertragene Verantwortung über einen Spähtrupp kurz nach Kriegsende an seinen ehemaligen Kommandeur zurückgeben will, um zu innerem Frieden zu gelangen.)	10	5
3	Einordnung in den Dramenzusammenhang (nicht gefordert, da unbekanntes Drama; plausible Einordnungsmöglichkeiten werden bepunktet)	2	0
4	**Dialoganalyse:** **Gesprächsgegenstand** (ist die Frage nach der Existenz und Form der Verantwortung Beckmanns und des Obersts am Tod eines Spähtrupps, die Beckmann dem Oberst wieder zurückgeben will). **Gesprächsverlauf** (Beckmann eröffnet dem Oberst, dass er die ihm in Form eines Befehls übertragene Verantwortung für den Spähtrupp – und zugleich für den Tod mehrerer Soldaten – zurückzugeben gewillt ist. Dazu referiert er die Vorkommnisse an jenem Tag des Zweiten Weltkriegs nahe Gorodok. Ausführlich schildert Beckmann den Empfang, die Ausführung und die Folgen des Befehls: Elf Menschen sterben unter seinem Kommando. Der Oberst versucht zu beschwichtigen, doch Beckmann lässt sich von seinem Ansinnen nicht abbringen. Er berichtet von den Auswirkungen dieser Schuld, die er auf sich geladen hat: Er imaginiert die Angehörigen der Toten, die ihn in seinen Alpträumen heimsuchen. In einer Reihe von Fragen testet er das Gewissen des Obersts. Dieser bleibt jedoch recht unbeeindruckt und wischt die – indirekt formulierten – Vorwürfe beiseite. Er hat das letzte Wort und wirft Beckmann schwarzen Humor vor. Dies ist Teil der kommunikativen Verschleierungsstrategie des Obersts.)		√ √ √ √ (√) X (√) (√) X

	Aufgabe 1 Untersuchungsaspekte (mit möglicher Lösung)	Erreich-bare Punkte	Erreichte Punkte
	Gesprächsart (Es ist im weitesten Sinne ein Entscheidungsdialog, der jedoch vom Oberst durchkreuzt wird, indem er das Anliegen Beckmanns ins Lächerliche zu ziehen versucht und das Gespräch als Inszenierung abtut.) **Gesprächsverhalten** (Beckmann will sein Gewissen erleichtern, schwenkt dazu um in Vorwürfe und in Angriffe, die der Oberst nicht einzuordnen weiß. Im Gegenzug sucht er einerseits Beckmann zu beschwichtigen und tut ihn andererseits als nicht ernst zu nehmenden Komiker ab. Der Oberst ist grundsätzlich in der Defensive, wie sich auch am Redeanteil ablesen lässt, gewinnt gegen Ende aber die Oberhand, indem er Beckmann ins Leere laufen lässt.) **Gesprächsstörung** (Auf der Sachebene versteht der Oberst seinen Unteroffizier sehr genau, die Störung vollzieht sich auf der Gefühlsebene: Während Beckmann von seinem Gewissen gequält wird, flüchtet sich der Oberst in Formen der Realitätsverweigerung und interpretiert Beckmanns Vorwürfe als schwarzen Humor.) **Motive und Konflikte:** **Beckmanns** Motivation ist die Erleichterung seines Gewissens, indem er die einst übertragene Verantwortung für die Soldaten (und damit die Schuld an ihrem Tod) abzugeben versucht. Die Strategie, mit der er dieses Ziel erreichen will, ist die verbale Konfrontation. **Der Oberst** in seiner zunächst passiven Rolle verfolgt die Absicht, den Angriff auf seine berufliche und private Integrität abzuwehren, und zieht später die Vorwürfe ins Lächerliche.	20	(√) √ X (√) (√) (√) (√) 15
5	**Charakterisierung der Protagonisten:** **Beckmann** (Es handelt sich ganz offenbar um einen Menschen, der mit seiner Schuld nicht mehr leben kann. Wie gut- oder bösartig er war und ist, lässt sich nur schwer feststellen. Möglicherweise hat er sich im Krieg nicht viel aus seiner Schuld gemacht. Mit Blick auf sein Verhalten in der vorliegenden Szene ist aber wahrscheinlicher, dass er auch bereits im Krieg ein aufrichtiger Mensch gewesen ist, der Befehle ausgeführt hat und nun an der Schuld zerbricht. Er gehört damit zu den niederrangigen Befehlsempfängern, die, unter Berücksichtigung der militärischen Befehlskette, im Verhältnis eher wenig Schuld auf sich geladen haben. Aufgrund der Regieanweisungen wird deutlich, dass Beckmann kein impulsiver oder rachsüchtiger Charakter ist, sondern mit offenen Karten spielt und die Verantwortung/die Schuld auf den Oberst zu übertragen sucht.		√ (√) X X X (√)

	Aufgabe 1 Untersuchungsaspekte (mit möglicher Lösung)	Erreich-bare Punkte	Erreichte Punkte
	Oberst (Beckmanns Gegenspieler in diesem Szenenauszug ist ein weitgehend gewissenloser Oberst, der als Befehlsgeber in der Militärhierarchie recht weit oben stand. Der Befehl, „ein paar Gefangene" (Z. 12) zu machen, wirkt ziellos und unverantwortlich. Dennoch plagen ihn augenscheinlich keine Gewissensbisse. Im Gegenteil: Er versteht die Aufregung nicht, verweist auf die Handlungsnotwendigkeiten in der Kriegssituation und versucht Beckmann zu beschwichtigen. Die Interpretation von Beckmanns existenziellem Anliegen als bösem Witz lässt Rückschlüsse auf sein eigenes Wesen zu: Sarkastisch und gewissenlos verdrängt der Ältere Schuld und Verantwortung. Es wird deutlich, dass der Oberst als Befehlsgeber nicht so dicht am Geschehen gewesen ist wie der ausführende Soldat. Dementsprechend ist die Distanz zu den Gräueltaten hinter der kühlen Maske des pflichterfüllenden „gesunde[n] Preußentum[s]" (Z. 49) größer als bei Beckmann.) **Kurze Sprachuntersuchung** (als Teil der Charakterisierung): **Beckmann** (einfacher, sehr direkter, expressiver und weitgehend parataktischer Sprachstil, s. Z. 5 ff. Wirkung: Ehrlichkeit, Offenheit, Direktheit.) **Der Oberst** (versucht mit jovialen Schmeicheleien und dem Gebrauch von Fremdwörtern [Wirkung:] Beckmann zu verunsichern, zu demontieren, s. Z. 47 ff.)	9	X X (√) X X X X (√) X 3
6	**Figurenkonstellation** (Beckmann befindet sich – nach wie vor – in einem Abhängigkeitsverhältnis, da das zur Diskussion stehende belastende Kapitel aus seiner Vergangenheit für ihn noch nicht abgeschlossen ist. Aufgrund der schweren Vorwürfe, die Beckmann als Schuldiger und Richter zugleich vorbringt, befindet sich der Oberst zunächst in der schlechteren Position. Gegen die Verteidigungsstrategie des Obersts ist Beckmann jedoch machtlos.)	3	(√) X X 1
7	**Titel-Text-Relation** („Draußen vor der Tür" verweist auf ein zielloses Vagabundieren in dem Wertvakuum nach Kriegsende und auf das Verlorensein des Individuums in der Nachkriegsgesellschaft.)	1	0
8	**Schluss** (Zusammenfassung der wichtigsten Untersuchungsaspekte. Rückbezug zu Themeneingrenzung/Deutungshypothese.)	2	0
9	Zusatzpunkte für nicht angegebene themenrelevante Erkenntnisse	(4)	–
	Punkte Teil 1	**50**	**25**

	Aufgabe 2 **Untersuchungsaspekte (mit möglicher Lösung)**	**Erreich-bare Punkte**	**Erreichte Punkte**
11	Überleitung	**2**	**0**
12	Der Prüfling stellt auf der Basis seines Unterrichtswissens in Grundzügen dar, dass ■ sich die aristotelische Tragödientheorie aus dem 4. Jh. v. Chr. auf die (klassische) Tragödie bezieht. ■ sich das moderne Drama (hier: des 20. Jahrhunderts) weder an klassische Gattungseinteilungen hält noch an die präskriptive Poetologie des Aristoteles. ■ dennoch Aristoteles' Poetologie durchaus als Folie für die Untersuchung tragischer Elemente – gleich welcher dramatischen Form – dienen kann. ■ der vorliegende Dramenauszug nicht einer reinen Tragödie entnommen sein kann, Handlung sowie Dramatis Personae jedoch in Teilen durchaus tragisch bzw. tragödienhaft anmuten (s. Z. 13).	**8**	x x x x **0**
13	Der Prüfling bringt sein Wissen zu den Forderungen der aristotelischen Tragödientheorie an und zeigt gewisse Überschneidungen auf (z. B. aristotelische Mimesis-Formel, die hier im Sinne einer naturnahen Nachahmung von handelnden Menschen erfüllt ist: Beckmann und der Oberst werden in ihrer charakterlichen Disposition und in ihren Handlungen im weitesten Sinne „natürlich“, zumindest nachvollziehbar gezeichnet. Die Tragik des Kriegsgeschehens sowie die Situation des traumatisierten Protagonisten Beckmann können so etwas wie phôbos und êleos beim Zuschauer aufkeimen lassen.) Der Prüfling zeigt die Hauptunterschiede zu einigen zentralen Merkmalen der klassischen Tragödie auf (Form und Sprache, Dramenaufbau, Ständeklausel etc.) und bewertet auf der Grundlage seiner Kenntnisse zum modernen Drama die Grenzen der aristotelischen Forderungen. (**Historisch:** Die pluralistischen Lebensbedingungen und Erfahrungswelten der Moderne (als Folge gesellschaftlicher Umwälzungen, der fortschreitenden Industrialisierung und der Vernichtungskriege) sind derart radikal, dass die Forderungen an das moderne Dramenpersonal, den Handlungsgang und -ausgang ebenso radikal ausfallen. **Literarhistorisch:** Dramatische Mischformen und avantgardistische Gestaltungsmuster (bis ins Groteske und Absurde) verdrängen (längst) die klar geordneten Verhältnisse klassischer dramatischer Gattungsmuster und -einteilungen. **Ästhetisch:** Auch formal und sprachlich trägt das moderne Drama den veränderten pluralen, z. T. fragmentierten Lebenserfahrungen Rechnung.)	**10**	x √ x x x x **2**
14	Im Schlussteil überführt der Prüfling seine Untersuchungen in ein plausibles Urteil.	**2**	**0**

	Aufgabe 2 Untersuchungsaspekte (mit möglicher Lösung)	Erreich-bare Punkte	Erreichte Punkte
15	Zusatzpunkte für nicht angegebene themenrelevante Erkenntnisse	(3)	–
	Punkte Teil 2	**22**	2

	Gesamtpunkte beider Aufgabenteile (50 + 22)	**72**	27

	Darstellungsleistung: formale und sprachliche Aspekte der Textgestaltung (gem. Standardsicherung NRW)	Erreich-bare Punkte	Erreichte Punkte
A	**Der Prüfling …** **strukturiert seinen Text kohärent, schlüssig, stringent und gedanklich klar:** ■ angemessene Gewichtung der Teilaufgaben in der Durchführung, ■ gegliederte und angemessen gewichtete Anlage der Arbeit, ■ schlüssige Verbindung der einzelnen Arbeitsschritte, ■ schlüssige gedankliche Verknüpfung von Sätzen.	6	X (√) (√) (√) 3
B	**formuliert unter Beachtung der fachsprachlichen und fachmethodischen Anforderungen:** ■ Trennung von Handlungs- und Metaebene, ■ begründeter Bezug von beschreibenden, deutenden und wertenden Aussagen, ■ Verwendung von Fachtermini in sinnvollem Zusammenhang, ■ Beachtung der Tempora, ■ korrekte Redewiedergabe (Modalität).	6	(√) √ √ √ (√) 4
C	**belegt Aussagen durch angemessenes und korrektes Zitieren:** ■ sinnvoller Gebrauch von vollständigen oder gekürzten Zitaten in begründender Funktion.	3	√ 3
D	**drückt sich allgemeinsprachlich präzise, stilistisch sicher und begrifflich differenziert aus:** ■ sachlich-distanzierte Schreibweise, ■ Schriftsprachlichkeit, ■ begrifflich abstrakte Ausdrucksfähigkeit.	5	(√) √ (√) 3
E	**formuliert lexikalisch und syntaktisch sicher, variabel und komplex (und zugleich klar).**	5	3
F	**schreibt sprachlich richtig.**	3	2
	Punkte Darstellungsleistung	**28**	18

	Notenabzug wegen gravierender sprachlicher Mängel	**NEIN**	**JA**
	Gesamtpunktzahl	**100**	**45**
	Daraus resultierende Endnote: (nach Vorgabe des Schulministeriums NRW; Punktliste anhängend)	**ausreichend**	

Datum: ______________________ Paraphe: ______________________

☒ Bitte kommen Sie zur individuellen Nachbesprechung in der Folgestunde zu mir.

☒ Bitte beachten Sie die Hinweise auf der Tipp-Seite.

Note	Note in Punkten	Erreichte Punktzahl in dieser Klausur
sehr gut plus	15	100 – 95
sehr gut	14	94 – 90
sehr gut minus	13	89 – 85
gut plus	12	84 – 80
gut	11	79 – 75
gut minus	10	74 – 70
befriedigend plus	9	69 – 65
befriedigend	8	64 – 60
befriedigend minus	7	59 – 55
ausreichend plus	6	54 – 50
ausreichend	5	49 – 45
ausreichend minus	4	44 – 40
mangelhaft plus	3	39 – 33
mangelhaft	2	32 – 27
mangelhaft minus	1	26 – 20
ungenügend	0	19 – 0

Tipp-Seite
Nur die angekreuzten Aspekte sollten Sie sich ansehen:

Bereich	Weiterführende Hilfe
☒ Vertiefen Sie Ihre Analysefähigkeiten im Bereich Dramenanalyse mit dem Schwerpunkt: **Charakterisierung**	Buch TTS: S. 169 ff., S. 560 ff. Reader *Dramenanalyse:* S. 12 ff.
☒ Üben Sie die Figurenanalyse.	Reader *Dramenanalyse:* S. 19 ff.
☐ Konzentrieren Sie sich auf das Einüben von Epochenwissen.	TTS: S. 382 ff. www.learnattack.de/journal/deutsche-literaturepochen/
☒ Vertiefen Sie Ihre Fähigkeiten im Bereich Themeneingrenzung.	Reader *Dramenanalyse:* S. 22
☒ Verstärken Sie Ihre Kompetenz im Bereich Stil und Ausdruck.	TTS: S. 611 ff. www.lehrerfreund.de/schule/1s/haeufige-fehler-aufsatz-arbeitsblatt/4059
☐ Arbeiten Sie vertiefend grundlegende Satzbaukenntnisse nach.	www.mittelschulvorbereitung.ch/index.php?actualid=19&which_set=4
☐ Achten Sie verstärkt auf korrekte Rechtschreibung.	Reader *Grammatik:* S. 18 ff.
☐ Vertiefen Sie Ihre Kenntnisse im Bereich Zeichensetzung.	Reader *Grammatik:* S. 9 ff.

3.6 Zum Üben: Klassenarbeit 2

Deutschklausur Nr. 1.

Bei dem vorliegendem Text handelt es sich um ein Szenenauszug aus „dem Drama Draußen ~~[illegible]~~ vor der Tür ~~[illegible]~~, geschrieben von Wolfang Borchert im Jahre 1949 in Hamburg. Im pyramidialem Shema ist es in die steigende Handlung und ~~der~~ Epoche der Nachtriegsliteratur einzuordnen. Das Grundlegende Thema dieser Szene behandelt unterschiedliche Erlebens und Empfindungweisen ~~den~~ ~~Kriegsversehrten~~ ~~Umgang~~ wehrend und nach dem Kriegzeit. ~~[illegible]~~

Diese Szene behandelt den Grundlegenden konflikt, wie man als kriegsüberlebender mit den Folgen des krieges umgehen soll. Der Unteroffizier Beckmann unterhält sich mit seinem Oberoffizier. Der Beckmam möchte seinem Vorgesetzten die last, die er mit sich trägt, nach dem elf Männer seiner Gruppe, die

1/11

Oberstufe – Klasse 12

Korrigieren Sie diese Arbeit und vergleichen Sie Ihr Ergebnis mit der Musterkorrektur auf der CD. Füllen Sie auch den Erwartungshorizont und die Tipp-Seite aus.

im Krieg verstorben sind übertragen (vgl. Z. 1-18). Der Unterofizier Beckmann kommt damit nicht zurecht, das all die Angehörigen ihn ständig danach befragen was mit ihen Männer passiert ist. Es lässt ihn nicht schlafen und er ist sauer auf seinen Vorgesetzten, dass er ihm diese Aufgabe übergeben hat (Vgl. Z. 21-35). Der Oberst hingegen versucht dem Beckmann zu erklären, dass es nicht seine Absicht war, ihm so ein kummer zu bereiten (vgl. 19-20). Beckmanns Absicht ist es, seinen Frust von der Seele zu reden. Er versucht mit allen Mitteln, ihn davon zu überzeugen, dass er der Verantwortliche sei, da er ihm diese Aufgabe erteilt hat. Somit hofft er, dass der Oberst ihn beruhigt, die schwere Last und die Schuldgefühle abspricht (vgl. 36-42).

2/11

Er benutzt Argumente wie „Wie viel sind es bei Ihnen? Herr Oberst? Tausend?" (Z. 35). Damit verdeutlicht er, dass der Oberst schuldig daran sei und schon viel mehr Menschen auf dem gewissen habe als er. Dementsprechend könne er diese Last auch auf sich nehmen. Der Oberst hingegen weiß nicht so wirklich, wie er mit dieser Situation umgehen soll. Er geht überhaupt nicht darauf ein und gibt dem Beckmann auch keine Antwort darauf. Er nimmt ihm weder das schlecht gewissen noch beruhigt er ihn. Stattdessen lenkt er vom Thema ab und sagt mit lächelndem Ton, dass der Beckmann ein guter Schauspieler werden könne (vgl. Z. 50-55).* Der Oberst beginnt und beendet das Gespräch. Es handelt sich durchgehend um das selbe Gesprächsthema. Es gibt kein Wendepunkt, da die meiste Zeit

*Er denkt das der Beckmann Witze macht und ihm etwas vorspielt (vgl. Z. 55) 3/M

der Beckmann von seinen Erfahrungen und Gefühlen spricht. Das Ergebnis dieses Gespräches ist wahrscheinlich nicht das was der Beckmann sich erhofft hatte, da der Oberst nicht auf das Gesprächsthema eingegangen ist. Es handelt sich bei dieser Szene um ein Dialog. Man kann sagen, dass es sich um eine „einfache" Plauderei handelt, die aber klare schuldzusprüche und Gefühlsausbrücke beeinhaltet. Dementsprechend ist der dominierende Sprechakt auch der Beckman selbst. Er macht seinem Vorgesetzen Vorwürfe obwohl er der unterlegene ist. Es herrscht keine gleichberechtigung. Trotzdem herrscht kein Machtgefälle, da der Oberst den Beckmann nicht absichtlich schlecht oder von oben herab behandelt. Er spricht mit ihm sogar in einem Kumpelton, Obwohl er über ihm steht (vgl. Z. 46)

4/M

Oberst ist hier superior
und der Beckmann inferior.
Zumindest was die
Gesellschaftliche Stellung
betrifft. Missverständnisse
können hierbei in dem
Sinne herrschen, das der
Beckmann nicht versteht,
dass man Verantwortung
für geschehene Ereignisse
nicht abgeben kann.
Außerdem versteht er nicht,
das er ihm zwar die
Verantwortung für das
führen der Truppe über-
geben hat, jedoch nicht
dafür was im Krieg
letztendlich passiert ist.

Beckmann ist ein Soldat
aus dem zweiten Weltkrieg,
der psychisch verwüstet und
körperlich ruiniert ~~von~~ den
Krieg aber überlebt hat (vgl.
Quelle „Das Gesamtwerk" Z.7).
Er gehört der mittleren
Gesellschaftsschicht an ist
ein Unteroffizier (vgl. Z.8).
Er ist naiv und glaubt,
dass er seinem Vorgesetzten

5/11

die Verantwortung für das
Geschehen im Krieg über-
geben kann (vgl. Z. 5, Z. 17).
Er ist Unteroffizier und führt
eine Gruppe von zwanzig
Mann wobei er elf ihm
Krieg verliert (vgl. Z. 34-35).
Er ist sehr ernst bei der
Sache, was daran liegt, dass
es ihm sehr schlecht geht.
Er kommt mit dem Geschehen
und dem Soldatenverlust
nicht klar und kann Nachts
sogar deswegen nicht ein-
schlafen (vgl. Z. 21, Z. 27-29,
Z. 39-44). Der Oberst hingegen
ist ein älterer Mann und Soldat.
Er gehört auch der mittleren
Gesellschaftsschicht an ist
jedoch dem Beckmann über-
gestellt, da er sein Vorgesetzter
ist. Er hingegen ist gesund.
Er hat zu Beckmann ein
eher freundschaftliches Verhältnis,
da er mit ihm in einem
jovialen Ton spricht (vgl. Z. 45).
Er ist ein gutmütiger, nicht gehässiger Mensch
und möchte den Beckmann
nicht verletzen (vgl. Z. 46, Z. 54).
Trotz der Vorwürfe auf der

6/11

Seite des Beckmanns behandelt er ihn respektvoll und nicht von oben herab, da er ihn nicht verletzen möchte (vgl. Z. 54). Allerdings kann er die Situation Beckmanns nicht nachvollziehen, da er nicht wie er Männer im Krieg direkt fallen gesehen hat. Er ist Oberoffizier und teiet die Gruppen nur ein. Zudem ist er gesund somit ist ihm nicht bewusst, was Beckmann durchlebt. Dies zum Folge, denkt er das Beckmann spaß mit ihm macht und versteht das ganze als Witz und Schauspiel. (vgl. Z. 54-55). Er hat weder irgendeine Absicht noch verfolgt er irgendeine Strategie, da er den Beckmann missversteht.

Die Figurenkonstellation in diesem Stück ist, dass der Oberst der Vorgesetzte von Beckmann ist. Trotzdem scheint es so, das sie ein etwas besseres vielleicht sogar freundschaftliches Verhältnis

.7 HM

zu einander haben. Der Oberst geht gut mir ihm um und behandelt ihn nicht von oben herab und der Beckmann schüttet ihm sein Herz aus. Nicht jeder würde sich trauen so mit seinem Vorgesetzten zu reden, deswegen kann man daraus schließen, dass das Verhältnis schon etwas über nur dem „Beruflichen" herausgeht.

Es geht aus der Szene nicht heraus wo ~~Ort~~ sich der Dialog abspielt. Zur Zeit kann man nur sagen, dass es in der Zeit des Krieges war und das natürlich symbolträchtig zum Dialog steht. Der Beckmann befindet sich in einer persönlichen Kriesensituation, da er das Geschehene nicht verarbeiten kann. Somit lässt sich sein Gesprächsverhalten deutlich auf diese Tatsache ein zu beziehen. Durch die Schuldgefühle und das nicht schlafen können kann er nicht mehr klar denken und gibt dem Oberst die Schuld

8/11

die Schuld dafür, obwohl er
in Wirklichkeit nichts
dafür kann. Zur Titel-Text
Relation kam man keinen
klaren Zusammenhang erkennen
außer vielleicht, dass das
Gespräch draußen vor der
Tür statt findet.

2). Aristoteles Tragödientheorie
besagt, dass Menschen nach
Aufführung von seinen Stücken
gereinigt aus dem Saal gehen
sollen. Er wollte den sogenannten
Reinigungseffekt erwirken. Durch
„schaudern" und „jammern" sollten
die Zuschauer zum mitfühlen
und ~~zum~~ Angst haben ange-
regt werden um genau diesen
Effekt zu erreichen. Er hat
bestimmte Punkte strickt be-
achtet wie die Abbildung der
Wirklichkeit (Mimisis). Das heißt
er wollte keine Fantasie in
seinen Stücken haben. Außer
dem durfte die Einheit der
Ortszeit nicht länger als
vierundzwanzig Stunden beeinhalten.
Es durfte nur ein Konflikt/
Grundkonflikt thematisiert werden

9/11

und eine hohe Fallhöhe
des Protagonisten musste
herrschen. Diem zu Folge
waren die Protagonisten
meisten Adlige oder Menschen
mit hohem Status. In diesem
Stück sind diese Punkte
nicht eingehalten worden.
Das stück bzw. die Szene
könnte sich zwar in der
vorgegebenen Zeit abgespielt
haben und es wurde auch
keine Fantasie benutzt,
trotzdem ist die Fallhöhe
zumindest in der Szene
nicht gegeben. Bei dieser
Szene könnte die Reinigung
(Katharsis) jedoch trotzdem
erreicht worden sein, da
man schon Mitleid mit
dem Beckmann bekommt,
wo er erzählt, dass ihn
alle diese Erfahrungen
nicht schlafen lassen (vgl.
Z. 40-41) Die Angst wird
hier nicht ausgelöst.
Vergleichen zur Szene von
„Mutter Courage" ist zu
sagen, dass bei dem
Stück zwar das „schaudern"

10/11

und jammern zwar aus-
gelöst wurde indem sie
einmal bedrohend wird und
dann das Messer zieht.
Und Mitleid erzeugt wird,
da sie eine allein Erziehende
Mutter ist, die mit aller
Stärke und Mut versucht
ihre Kinder zu verteidigen.
Andererseits die Fallhöhe, bei
diesem Stück nicht ein-
gehalten worden ist. Ab-
schließen ist zu sagen, dass
die Katharsis in modernen
Stücken erreicht werden
kann aber nicht muss.
Und nicht alle Punkte
Aristotilis Tragödientheorie
werden berücksichtigt was
nicht heißen muss, das die
Katharsis nicht erreicht wird.

19/11

	Aufgabe 1 Untersuchungsaspekte (mit möglicher Lösung)	Erreichbare Punkte	Erreichte Punkte
1	Einleitung mit Autor, Titel, Veröffentlichungsdatum (1947), Textsorte (Dramenauszug), Epochenzuordnung (mit Kurzbegründung: expressive, teils dem Expressionismus anverwandte Gestaltungsform; thematisch: Nachkriegsliteratur [ggf. an anderer Stelle innerhalb der Klausur erläutert.])	3	
2	Thema/Deutungshypothese (Die Schuldfrage der an Kriegshandlungen beteiligten Soldatengeneration, die nach Kriegsende von Schuldgefühlen verfolgt wird und im Angesicht amoralischer und realitätsverweigernder Verantwortlicher verzweifelt, wird am Beispiel des Soldaten Beckmann gezeigt. Oder konkreter: Es handelt sich bei Beckmann um einen psychisch labilen, entwurzelten Charakter, der die ihm übertragene Verantwortung über einen Spähtrupp kurz nach Kriegsende an seinen ehemaligen Kommandeur zurückgeben will, um zu innerem Frieden zu gelangen.)	10	
3	Einordnung in den Dramenzusammenhang (nicht gefordert, da unbekanntes Drama; plausible Einordnungsmöglichkeiten werden bepunktet)	2	
4	**Dialoganalyse:** **Gesprächsgegenstand** (ist die Frage nach der Existenz und Form der Verantwortung Beckmanns und des Obersts am Tod eines Spähtrupps, die Beckmann dem Oberst wieder zurückgeben will). **Gesprächsverlauf** (Beckmann eröffnet dem Oberst, dass er die ihm in Form eines Befehls übertragene Verantwortung für den Spähtrupp – und zugleich für den Tod mehrerer Soldaten – zurückzugeben gewillt ist. Dazu referiert er die Vorkommnisse an jenem Tag des Zweiten Weltkriegs nahe Gorodok. Ausführlich schildert Beckmann den Empfang, die Ausführung und die Folgen des Befehls: Elf Menschen sterben unter seinem Kommando. Der Oberst versucht zu beschwichtigen, doch Beckmann lässt sich von seinem Ansinnen nicht abbringen. Er berichtet von den Auswirkungen dieser Schuld, die er auf sich geladen hat: Er imaginiert die Angehörigen der Toten, die ihn in seinen Alpträumen heimsuchen. In einer Reihe von Fragen testet er das Gewissen des Obersts. Dieser bleibt jedoch recht unbeeindruckt und wischt die – indirekt formulierten – Vorwürfe beiseite. Er hat das letzte Wort und wirft Beckmann schwarzen Humor vor. Dies ist Teil der kommunikativen Verschleierungsstrategie des Obersts.)		

	Aufgabe 1 **Untersuchungsaspekte (mit möglicher Lösung)**	**Erreichbare Punkte**	**Erreichte Punkte**
	Gesprächsart (Es ist im weitesten Sinne ein Entscheidungsdialog, der jedoch vom Oberst durchkreuzt wird, indem er das Anliegen Beckmanns ins Lächerliche zu ziehen versucht und das Gespräch als Inszenierung abtut.) **Gesprächsverhalten** (Beckmann will sein Gewissen erleichtern, schwenkt dazu um in Vorwürfe und in Angriffe, die der Oberst nicht einzuordnen weiß. Im Gegenzug sucht er einerseits Beckmann zu beschwichtigen und tut ihn andererseits als nicht ernst zu nehmenden Komiker ab. Der Oberst ist grundsätzlich in der Defensive, wie sich auch am Redeanteil ablesen lässt, gewinnt gegen Ende aber die Oberhand, indem er Beckmann ins Leere laufen lässt.) **Gesprächsstörung** (Auf der Sachebene versteht der Oberst seinen Unteroffizier sehr genau, die Störung vollzieht sich auf der Gefühlsebene: Während Beckmann von seinem Gewissen gequält wird, flüchtet sich der Oberst in Formen der Realitätsverweigerung und interpretiert Beckmanns Vorwürfe als schwarzen Humor.) **Motive und Konflikte:** **Beckmanns** Motivation ist die Erleichterung seines Gewissens, indem er die einst übertragene Verantwortung für die Soldaten (und damit die Schuld an ihrem Tod) abzugeben versucht. Die Strategie, mit der er dieses Ziel erreichen will, ist die verbale Konfrontation. **Der Oberst** in seiner zunächst passiven Rolle verfolgt die Absicht, den Angriff auf seine berufliche und private Integrität abzuwehren, und zieht später die Vorwürfe ins Lächerliche.	**20**	
5	**Charakterisierung der Protagonisten:** **Beckmann** (Es handelt sich ganz offenbar um einen Menschen, der mit seiner Schuld nicht mehr leben kann. Wie gut- oder bösartig er war und ist, lässt sich nur schwer feststellen. Möglicherweise hat er sich im Krieg nicht viel aus seiner Schuld gemacht. Mit Blick auf sein Verhalten in der vorliegenden Szene ist aber wahrscheinlicher, dass er auch bereits im Krieg ein aufrichtiger Mensch gewesen ist, der Befehle ausgeführt hat und nun an der Schuld zerbricht. Er gehört damit zu den niederrangigen Befehlsempfängern, die, unter Berücksichtigung der militärischen Befehlskette, im Verhältnis eher wenig Schuld auf sich geladen haben. Aufgrund der Regieanweisungen wird deutlich, dass Beckmann kein impulsiver oder rachsüchtiger Charakter ist, sondern mit offenen Karten spielt und die Verantwortung/die Schuld auf den Oberst zu übertragen sucht.		

	Aufgabe 1 Untersuchungsaspekte (mit möglicher Lösung)	Erreich-bare Punkte	Erreichte Punkte
	Oberst (Beckmanns Gegenspieler in diesem Szenenauszug ist ein weitgehend gewissenloser Oberst, der als Befehlsgeber in der Militärhierarchie recht weit oben stand. Der Befehl, „ein paar Gefangene" (Z. 12) zu machen, wirkt ziellos und unverantwortlich. Dennoch plagen ihn augenscheinlich keine Gewissensbisse. Im Gegenteil: Er versteht die Aufregung nicht, verweist auf die Handlungsnotwendigkeiten in der Kriegssituation und versucht Beckmann zu beschwichtigen. Die Interpretation von Beckmanns existenziellem Anliegen als bösem Witz lässt Rückschlüsse auf sein eigenes Wesen zu: Sarkastisch und gewissenlos verdrängt der Ältere Schuld und Verantwortung. Es wird deutlich, dass der Oberst als Befehlsgeber nicht so dicht am Geschehen gewesen ist wie der ausführende Soldat. Dementsprechend ist die Distanz zu den Gräueltaten hinter der kühlen Maske des pflichterfüllenden „gesunde[n] Preußentum[s]" (Z. 49) größer als bei Beckmann.) **Kurze Sprachuntersuchung** (als Teil der Charakterisierung): **Beckmann** (einfacher, sehr direkter, expressiver und weitgehend parataktischer Sprachstil, s. Z. 5 ff. Wirkung: Ehrlichkeit, Offenheit, Direktheit.) **Der Oberst** (versucht mit jovialen Schmeicheleien und dem Gebrauch von Fremdwörtern [Wirkung:] Beckmann zu verunsichern, zu demontieren, s. Z. 47 ff.)	9	
6	**Figurenkonstellation** (Beckmann befindet sich – nach wie vor – in einem Abhängigkeitsverhältnis, da das zur Diskussion stehende belastende Kapitel aus seiner Vergangenheit für ihn noch nicht abgeschlossen ist. Aufgrund der schweren Vorwürfe, die Beckmann als Schuldiger und Richter zugleich vorbringt, befindet sich der Oberst zunächst in der schlechteren Position. Gegen die Verteidigungsstrategie des Obersts ist Beckmann jedoch machtlos.)	3	
7	**Titel-Text-Relation** („Draußen vor der Tür" verweist auf ein zielloses Vagabundieren in dem Wertvakuum nach Kriegsende und auf das Verlorensein des Individuums in der Nachkriegsgesellschaft.)	1	
8	**Schluss** (Zusammenfassung der wichtigsten Untersuchungsaspekte. Rückbezug zu Themeneingrenzung/Deutungshypothese.)	2	
9	Zusatzpunkte für nicht angegebene themenrelevante Erkenntnisse	(4)	
	Punkte Teil 1	50	

	Aufgabe 2 Untersuchungsaspekte (mit möglicher Lösung)	Erreichbare Punkte	Erreichte Punkte
11	Überleitung	2	
12	Der Prüfling stellt auf der Basis seines Unterrichtswissens in Grundzügen dar, dass ■ sich die aristotelische Tragödientheorie aus dem 4. Jh. v. Chr. auf die (klassische) Tragödie bezieht. ■ sich das moderne Drama (hier: des 20. Jahrhunderts) weder an klassische Gattungseinteilungen hält noch an die präskriptive Poetologie des Aristoteles. ■ dennoch Aristoteles' Poetologie durchaus als Folie für die Untersuchung tragischer Elemente – gleich welcher dramatischen Form – dienen kann. ■ der vorliegende Dramenauszug nicht einer reinen Tragödie entnommen sein kann, Handlung sowie Dramatis Personae jedoch in Teilen durchaus tragisch bzw. tragödienhaft anmuten (s. Z. 13).	8	
13	Der Prüfling bringt sein Wissen zu den Forderungen der aristotelischen Tragödientheorie an und zeigt gewisse Überschneidungen auf (z. B. aristotelische Mimesis-Formel, die hier im Sinne einer naturnahen Nachahmung von handelnden Menschen erfüllt ist: Beckmann und der Oberst werden in ihrer charakterlichen Disposition und in ihren Handlungen im weitesten Sinne „natürlich", zumindest nachvollziehbar gezeichnet. Die Tragik des Kriegsgeschehens sowie die Situation des traumatisierten Protagonisten Beckmann können so etwas wie phôbos und éleos beim Zuschauer aufkeimen lassen.) Der Prüfling zeigt die Hauptunterschiede zu einigen zentralen Merkmalen der klassischen Tragödie auf (Form und Sprache, Dramenaufbau, Ständeklausel etc.) und bewertet auf der Grundlage seiner Kenntnisse zum modernen Drama die Grenzen der aristotelischen Forderungen. (**Historisch:** Die pluralistischen Lebensbedingungen und Erfahrungswelten der Moderne (als Folge gesellschaftlicher Umwälzungen, der fortschreitenden Industrialisierung und der Vernichtungskriege) sind derart radikal, dass die Forderungen an das moderne Dramenpersonal, den Handlungsgang und -ausgang ebenso radikal ausfallen. **Literarhistorisch:** Dramatische Mischformen und avantgardistische Gestaltungsmuster (bis ins Groteske und Absurde) verdrängen (längst) die klar geordneten Verhältnisse klassischer dramatischer Gattungsmuster und -einteilungen. **Ästhetisch:** Auch formal und sprachlich trägt das moderne Drama den veränderten pluralen, z.T. fragmentierten Lebenserfahrungen Rechnung.)	10	
14	Im Schlussteil überführt der Prüfling seine Untersuchungen in ein plausibles Urteil.	2	

	Aufgabe 2 Untersuchungsaspekte (mit möglicher Lösung)	Erreich-bare Punkte	Erreichte Punkte
15	Zusatzpunkte für nicht angegebene themenrelevante Erkenntnisse	(3)	
	Punkte Teil 2	**22**	

	Gesamtpunkte beider Aufgabenteile (50 + 22)	**72**	

	Darstellungsleistung: formale und sprachliche Aspekte der Textgestaltung (gem. Standardsicherung NRW)	Erreich-bare Punkte	Erreichte Punkte
A	**Der Prüfling …** **strukturiert seinen Text kohärent, schlüssig, stringent und gedanklich klar:** ■ angemessene Gewichtung der Teilaufgaben in der Durchführung, ■ gegliederte und angemessen gewichtete Anlage der Arbeit, ■ schlüssige Verbindung der einzelnen Arbeitsschritte, ■ schlüssige gedankliche Verknüpfung von Sätzen.	6	
B	**formuliert unter Beachtung der fachsprachlichen und fachmethodischen Anforderungen:** ■ Trennung von Handlungs- und Metaebene, ■ begründeter Bezug von beschreibenden, deutenden und wertenden Aussagen, ■ Verwendung von Fachtermini in sinnvollem Zusammenhang, ■ Beachtung der Tempora, ■ korrekte Redewiedergabe (Modalität).	6	
C	**belegt Aussagen durch angemessenes und korrektes Zitieren:** ■ sinnvoller Gebrauch von vollständigen oder gekürzten Zitaten in begründender Funktion.	3	
D	**drückt sich allgemeinsprachlich präzise, stilistisch sicher und begrifflich differenziert aus:** ■ sachlich-distanzierte Schreibweise, ■ Schriftsprachlichkeit, ■ begrifflich abstrakte Ausdrucksfähigkeit.	5	
E	**formuliert lexikalisch und syntaktisch sicher, variabel und komplex (und zugleich klar).**	5	
F	**schreibt sprachlich richtig.**	3	
	Gesamtpunkte Darstellungsleistung	**28**	

	Notenabzug wegen gravierender sprachlicher Mängel	NEIN	JA
	Gesamtpunktzahl	**100**	
	Daraus resultierende Endnote: (nach Vorgabe des Schulministeriums NRW; Punktliste anhängend)		

Datum: ______________________ Paraphe: ______________________

☐ Bitte kommen Sie zur individuellen Nachbesprechung in der Folgestunde zu mir.

☐ Bitte beachten Sie die Hinweise auf der Tipp-Seite.

Note	Note in Punkten	Erreichte Punktzahl in dieser Klausur
sehr gut plus	15	100 – 95
sehr gut	14	94 – 90
sehr gut minus	13	89 – 85
gut plus	12	84 – 80
gut	11	79 – 75
gut minus	10	74 – 70
befriedigend plus	9	69 – 65
befriedigend	8	64 – 60
befriedigend minus	7	59 – 55
ausreichend plus	6	54 – 50
ausreichend	5	49 – 45
ausreichend minus	4	44 – 40
mangelhaft plus	3	39 – 33
mangelhaft	2	32 – 27
mangelhaft minus	1	26 – 20
ungenügend	0	19 – 0

Tipp-Seite

Nur die angekreuzten Aspekte sollten Sie sich ansehen:

Bereich	Weiterführende Hilfe
☐ Vertiefen Sie Ihre Analysefähigkeiten im Bereich Dramenanalyse mit dem Schwerpunkt:	Buch TTS: S. 169 ff., S. 560 ff. Reader *Dramenanalyse:* S. 12 ff.
☐ Üben Sie die Figurenanalyse.	Reader *Dramenanalyse:* S. 19 ff.
☐ Konzentrieren Sie sich auf das Einüben von Epochenwissen.	TTS: S. 382 ff. www.learnattack.de/journal/deutsche-literaturepochen/
☐ Vertiefen Sie Ihre Fähigkeiten im Bereich Themeneingrenzung.	Reader *Dramenanalyse:* S. 22
☐ Verstärken Sie Ihre Kompetenz im Bereich Stil und Ausdruck.	TTS: S. 611 ff. www.lehrerfreund.de/schule/1s/haeufige-fehler-aufsatz-arbeitsblatt/4059
☐ Arbeiten Sie vertiefend grundlegende Satzbaukenntnisse nach.	www.mittelschulvorbereitung.ch/index.php?actualid=19&which_set=4
☐ Achten Sie verstärkt auf korrekte Rechtschreibung.	Reader *Grammatik:* S. 18 ff.
☐ Vertiefen Sie Ihre Kenntnisse im Bereich Zeichensetzung.	Reader *Grammatik:* S. 9 ff.